河北省社会科学基金项目

《宋书》《魏书》语词南北差异比较研究

李丽 著

燕山大学出版社

·秦皇岛·

目　录

引　言

南北朝时期，南北地区汉语存在地域差异。早在公元6世纪，颜之推就已指出这一事实。其《颜氏家训·音辞篇》云："南方水土柔和，其音清举而切诣，失在浮浅，其辞多鄙俗。北方山川深厚，其音沉浊而鈋钝，得其质直，其辞多古语。"[①]唐代陆德明也指出："方言差别，固自不同，河北江南，最为巨异。"[②]刘知几亦言："渠们底个，江左彼此之辞；乃若君卿，中朝汝我之义。"[③]可见，当时的南北方言不仅在语音上有差异，而且在词汇上也存在差异。汉语史研究者一直致力于揭示这种差异的具体情况。总体上看，在语音方面大家用力甚多，词汇方面相较而言用力不够。近年来，学者们开始有意识地努力探究南北朝时期南北双方的词汇差异，并且取得了一定的成绩。如汪维辉先生以《齐民要术》和《周氏冥通记》的词汇为代表，从特有词语和同义异词两方面对南北朝时期的汉语词汇进行了比较，发掘出一批具有方言色彩的词语[④]。王东从方言语词角度，从南北朝时期的各种文献中甄别出南北双方不同的名物词、代词、称谓词、地名词。[⑤] 李丽从语义场角度，调查分析了南北朝时期授官语义场、假设连词语义场的成员，揭示其中的

① 王利器《颜氏家训集解》(增补本)，中华书局，1993年，页530。

② 陆德明《经典释文·序录》，见黄焯《经典释文汇校》，中华书局，2006年，页4。

③ 刘知几《史通》卷十七《杂说中》"北齐诸史三条"。

④ 汪维辉《六世纪汉语词汇的南北差异》，《中国语文》，2007年第1期。又收入《汉语词汇史新探》，上海人民出版社，2007年。

⑤ 王东《南北朝时期的南北方言词》，《中南大学学报》，2006年第4期。

南北地区差异。[①] 但由于这项研究工作是“高难课题之一”[②]，目前的研究成果还很难做到把南北朝时期南北地区的词汇差异完全揭示清楚，因此还需要更多的研究者投入到这一研究领域中。

我们选择《宋书》和《魏书》词汇作为比较研究的对象，主要有以下几点考虑：

第一，《宋书》和《魏书》成书时代确定，作者确定。

《宋书》由历经宋、齐、梁三朝的沈约在前人的基础上补充修订而成，大致成书于公元502—513年之间。沈约（441—513），字休文，吴兴吴康（今浙江德清县西）人，历仕宋、齐、梁三朝，宋时为尚书度支郎，齐时做到五兵尚书、国子祭酒，梁时被封为建昌侯，官至尚书左仆射、尚书令、领中书令，一生以生活在南方为主。

《魏书》由历经北魏、东魏、北齐的魏收主修，成书于公元554年。魏收（505—572），字伯起，巨鹿（今河北平乡一带）人，历仕北魏、东魏、北齐，官至尚书右仆射，一生以生活在北方为主。

第二，《宋书》和《魏书》字数相当，体裁相同。

《宋书》除去后人所补2卷[③]，全书110万字；《魏书》除去后人所补

---

① 李丽《从〈魏书〉〈宋书〉授官语义场的比较看南北朝时期汉语的南北差异》，《燕山大学学报》（哲学社会科学版），2007年第2期。《从〈魏书〉〈宋书〉假设连词语义场的比较看南北朝时期汉语的南北差异》，*Cross-cultural Communication*，Volume 3，Number 1，2007。

② 鲁国尧《论“历史文献考证法”与“历史比较法”的结合》，见《鲁国尧语言学论文集》，江苏教育出版社，2003年，页183。

③ 今本《宋书》（中华书局点校本，1974年版）卷四十六、卷七十六。1974年版中华书局点校本《宋书》为本研究工作底本。

28卷[1],全书100万字,二者字数相当。

《宋书》记录了4世纪末到6世纪初刘宋王朝的历史。《魏书》记录了4世纪末至6世纪中叶北魏王朝的兴亡史。二者均为正史,体裁相同,并且记录史实的时间大致相当。

第三,《宋书》和《魏书》由南北双方通语写成,具有可比性。

《宋书》和《魏书》作为正史,所使用的语言较为典雅规范,口语性不高,这也是词汇研究者往往不用二书作语料的基本原因。但正如方一新先生所言:"相对于六朝时口语化程度较高的部分译经、小说、乐府诗等作品而言,六朝史书的语言总是较为典雅规范,口语材料不很集中,有着史书语言特有的共性。但是也应该看到,史书尤其是东汉魏晋南北朝史书自有其独具魅力的一面……书中更有浅白的对话,生动的叙事,其中不乏方俗口语词,利用这些门类齐全、风格多样的材料,可以考察汉魏南北朝时期流行的部分词语的使用情况,探寻中古史书词汇的基本面貌和演变规律,并进而为从总体上把握汉魏六朝词汇的发展演变提供帮助和参考。"[2]

由于南北双方对峙近三百年,"南染吴越,北杂夷虏"[3],南北汉语经历了不同的融合变化。"到了南北朝后期,即梁与北齐、北周鼎峙时,中国已形成了两个通语,黄河流域以洛阳话为标准,而江淮地区则

---

① 今本《魏书》(中华书局点校本,1974年版)卷十二、十三、十四、十五、十七、十八、十九上、二十、二十二、二十五、三十三、三十四、八十一、八十二、八十三上、八十三下、八十四、八十五、八十六、八十七、八十九、九十、一百零一、一百零二、一百零三、一百零四、一百零五之三、一百零五之四,共计28卷。1974年版中华书局点校本《魏书》为本研究工作底本。

② 方一新《东汉魏晋南北朝史书词语笺释·前言》,黄山书社,1997年。

③ 颜之推《颜氏家训·音辞》,见王利器《颜氏家训集解》(增补本),中华书局,1993年,页530。

以金陵话为标准。”[①]也正由于《宋书》《魏书》是史书，因此二书所用语言应该是南北双方的通语。尽管汪维辉先生曾谈到“沈约的《宋书》就比魏收的《魏书》语料价值高得多，不宜以同一个标准和尺度去刻板地对待”[②]，但从南北朝通语这个角度讲，二书还是具有较强的可比性。

在研究中我们主要采取了定量统计和比较的方法。以《宋书》和《魏书》中出现的语词为出发点，除了调查统计该词在二书中的出现情况外，还尽可能地调查该词在南北朝其他文献中出现的情况。南朝文献，我们初步选择了《全宋文》《全齐文》《全梁文》《全陈文》(以上简称南朝文)和梁慧皎《高僧传》、刘义庆《世说新语》、梁陶宏景《周氏冥通记》、刘宋求那玻摩译《菩萨善戒经》(9卷)、萧齐求那毗地译《百喻经》(4卷)、梁僧伽婆罗译《阿育王经》(10卷)；北方文献，我们选择了《全后魏文》《全北齐文》《全北周文》《全隋文》(以上简称北朝文)和北魏郦道元《水经注》、北魏杨衒之《洛阳伽蓝记》、北魏贾思勰《齐民要术》、北魏慧觉等译《贤愚经》13卷、北魏吉迦夜共昙曜译《杂宝藏经》10卷、北魏般若流支译《金色王经》1卷。语词“因地而变，随时而改”[③]，词汇的借用和传播没有明显的规律性[④]，尽可能地扩大调查文献范围应该有利于确定词汇的使用地域，因此我们在选定的文献之外，尽可能地利用电子语料库扩大调查文献的范围。

在实际的操作中，对于《魏书》《宋书》中的特用语词，我们利用六朝文献和现有研究成果一一进行查考，主要遵循以下两大原则来确定

---

① 鲁国尧《客、赣、通泰方言源于南朝通语说》，见《鲁国尧语言学论文集》，江苏教育出版社，2003年，页128。

② 汪维辉《东汉—隋常用词演变研究》，南京大学出版社，2000年，页19。

③ 唐刘知几《史通》卷十七《杂说中·北齐诸史》。

④ 汪维辉《六世纪汉语词汇的南北差异》，《中国语文》，2007年第1期。又收入《汉语词汇史新探》，上海人民出版社，2007年。

其地域性。

第一,只出现在南方文献中的语词,确定为南方特有语词;只出现在北方文献中的语词,确定为北方特有语词。

在实际调查中,我们发现有些语词确实只在一方文献中出现,但是出现频率不高,如《宋书》中表示“非工作时间”概念的“下日”,在同时期的南北双方文献中都没有用例,仅在《宋书》出现且只有1例;《魏书》中表示“闲话”“坏话”意义的“蛆”在同时期的南北双方文献中都没有用例,仅在《魏书》出现且只有1例。对于这样的语词,是作者偶然用之,还是当时的方言语词,确实难下断语。我们认为可以视为具有地域特征的语词,因为这些语词虽然出现频率不高,但在后世的文献中有所承用[①],至少说明这些语词在南北朝时期已经开始出现,刚开始出现的语词通用范围相对要狭窄一些。

第二,在南方文献中使用频率较高而在北方文献中少量使用的语词,确定为南方特有语词;在北方文献中频率较高而在南方文献中少量使用的语词,确定为北方特有语词。

频率多高算高?量多少算少?我们认为不能搞一刀切,而应具体问题具体分析。如表“剩余”概念的“剩”(賸),北朝文献和南朝文献中的使用频率是9∶1。北朝文献主要出现在《魏书》(9例)和《北朝文》(6例),共15例;《北朝文》中的6例与《魏书》相同,因此北朝文献中“剩”实有9例。南朝文献只有1例,出现在《全梁文》中。虽然“賸”在《说文解字》中已经收录,但表“剩余”的用法在文献中却很少见到。我

① 参见第一章“下日”条、第二章“蛆”条。

们只在《孙子算经》中寻到9例[①]，但《孙子算经》的成书年代很成问题。因此我们认为虽然东汉时期表示"剩余"义的"賸"已经出现，但由于"余"的广泛应用，"賸"并未取得强势地位。从文献资料显示可以看到直至南北朝时期"賸"(剩)的使用才较为频繁，并且使用范围主要集中在北方地区，梁代开始向南方地区渗透。[②] 又如总括副词"差"，在北朝文献和南朝文献中的使用频率是8∶16，相差不是很悬殊。但是我们注意到，北朝文献中的8例"差"集中在《魏书》卷七十五(2例)和庾信作品(6例)中，并且庾信作品的6例均为"差无惭德"，而且庾信本人是由南入北的南方人。这样看来，"差"在北朝文献中的使用范围非常狭窄。而南朝文献中的16例"差"分布在不同类型的作品中，使用范围相对比较广泛。因此我们可以认定"差"是南方地区的特有语词，只是在南北朝时期开始向北方扩散。[③]

---

① 《孙子算经》卷下："今有物，不知其数。三三数之，賸二；五五数之，賸三；七七数之，賸二。问：物几何？答曰：二十三。"又"三三数之，賸二，置一百四十；五五数之，賸三，置六十三；七七数之，賸二，置三十。并之，得二百三十三，以二百一十减之，即得。凡三三数之，賸一，则置七十五；五五数之，賸一，则置二十一；七七数之，賸一，则置十五。一百六以上，以一百五减之，即得。"

② 参见第二章"剩"条。

③ 参见第一章"差"条。

第一章　南方特有语词

南北朝时期，南朝通语以金陵话为标准，由于受到吴语影响，呈现出与北方通语不同的特点。《宋书》《魏书》记录了这一时期流行于南方地区的语词。我们结合同时期的其他文献，做一个大致的勾勒。

【阿家】【大家】

指丈夫的母亲①。

《宋书·范晔传》：晔妻先下抚其子，回骂晔曰："君不为百岁阿家，不感天子恩遇，身死固不足塞罪，奈何枉杀子孙。"晔干笑云罪至而已。晔所生母泣曰："主上念汝无极，汝曾不能感恩，又不念我老，今日奈何？"仍以手击晔颈及颊，晔颜色不怍。妻云："罪人，阿家莫念。"（卷69，页1828）

又《孙棘传》：棘妻许又寄语属棘："君当门户，岂可委罪小郎。且大家临亡，以小郎属君，竟未妻娶，家道不立，君已有二儿，死复何恨。"（卷91，页2256）

"阿家""大家"的这一意义，在南北朝时期的北方文献中未见使用，到唐宋时期较为流行，如：

《北齐书·崔暹附达拏传》："达拏温良清谨，有识学，少历职为司

① 清俞樾《春在堂随笔》卷九："唐宋妇人，每称其姑曰阿家，以曹大家例之，似阿家亦应读姑。"

农卿。入周，谋反伏诛。天保时，显祖尝问乐安公主：'达拏于汝何似？'答曰：'甚相敬重，唯阿家憎儿。'显祖召达拏母入内，杀之，投尸漳水。齐灭，达拏杀主以复仇。"（卷 30，页 406）

唐赵璘《因话录》卷三"商部下"："崔吏部枢夫人，太尉西平王女也。西平生日，中堂大宴，方食，有小婢附崔氏妇耳语久之，崔氏妇颔之而去。有顷，复至，王问曰：'何事？'女对曰：'大家昨夜小不安适，使人往候。'王掷筋怒曰：'我不幸有此女，大奇事！汝为人妇，岂有阿家体候不安，不检校汤药，而与父作生日，吾有此女，何用作生日为？'"

又《因话录》卷一"宫部"："郭暧尝与升平公主琴瑟不调，暧骂公主：'倚乃父为天子耶？我父嫌天子不作。'公主恚啼，奔车奏之。上曰：'汝不知，他父实嫌天子不作。使不嫌，社稷岂汝家有也？'因泣下，但命公主还。尚父拘暧，自诣朝堂待罪。上召而慰之曰：'谚云："不痴不聋，不作阿家阿翁。"小儿女子闺帏之言，大臣安用听？'锡赉以遣之。尚父杖暧数十而已。"

《晋书·列女传·孟昶妻周氏》："君父母在堂，欲建非常之谋，岂妇人所建！事之不成，当于奚官中奉养大家，义无归志也。"

【奔】【奔击】

指"攻击，冲击"[①]。如：

《宋书·柳元景传》：安都不堪其愤，横矛直前，出入贼陈，杀伤者甚多，流血凝肘，矛折，易之复入。军副谭金率骑从而奔之。（卷 77，页 1985）

---

① 参阅方一新《东汉魏晋南北朝史书词语笺释》，黄山书社，1997 年。

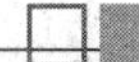

又《自序》:所领江东勇士,便习短兵,鼓噪奔之,贼众一时溃散,所杀万余人,得泓伪乘舆服御。(卷100,页2448)

又《武帝纪上》:恩率众数万,鼓噪登蒜山,居民皆荷担而立。高祖率所领奔击,大破之,投巘赴水死者甚众。恩以彭排自载,仅得还船。(卷1,页3)

这种用法的"奔"不见于《魏书》,"奔击"在《魏书》亦只有1例:《费于附孙穆传》:"穆乃简练精骑,伏于山谷,使羸步之众为外营以诱之。贼骑觇见,谓为信弱,俄而竞至。穆伏兵奔击,大破之,斩其帅郁厥乌尔、俟斤十代等,获生口杂畜甚众。"(卷44,页1004)

具有"攻击,冲击"意义的"奔"和"奔击"在后世文献中亦有承继,如:

《南史·梁本纪》:"王茂、曹景宗等掎角奔之,珍国之众,一时土崩。"

《隋书·鱼俱罗传》:"及遇贼,俱罗与数骑奔击,瞋目大呼,所当皆披靡,出左入右,往返若飞。"

【博射】

《南齐书·刘绘传》:"绘虽豪侠,常恶武事,雅善博射,未尝跨马。"(卷48,页842)

北齐颜之推《颜氏家训·杂艺》:"江南谓世之常射,以为兵射,冠冕儒生,多不习此;别有博射,弱弓长箭,施于准的,揖让升降,以行礼焉。防御寇难,了无所益。乱离之后,此术遂亡。"

又《南史·柳元景附恽传》："尝与琅邪王瞻博射，嫌其皮阔，乃摘梅帖乌珠之上，发必命中，观者惊骇。"

【伧】

"伧"是南北朝时期南方人对北方人或江东人对楚人的一种蔑称。唐刘知几《史通》卷十七《杂说中》："南呼北人曰伧，西谓东胡曰虏。"唐慧琳《一切经音义》卷六五："伧吴，仕衡反。《晋阳秋》曰：'吴人谓中国人为伧人，又总谓江淮间杂楚为伧。'"

《宋书》和其他的南方文献都记录了这一称呼，如：

《宋书·乐志一》：又有西、伧、羌、胡诸杂舞。(卷19，页552)

又《沈昙庆传》：时殿中员外将军裴景仁助戍彭城，本伧人，多悉戎荒事。(卷54，页1539)

又《殷孝祖传》：孝祖忽至，众力不少，并伧楚壮士，人情于是大安。(卷86，页2190)

《南齐书·王晏传》：伧人鲜于文粲与晏子德元往来，密探朝旨，告晏有异志。(卷42，页743)

与此相对应，北方人也会蔑称南方人为伧楚，如《魏书》列传八十三："纠合伧楚，覆其巢穴，衔以餧卒，网实鸩死。獯虏那瓌，寻亦歼殪。"(卷95，页2043)但总体上讲，这一类称呼，南北朝时期南方地区更加常用。

【差】

"差"，总括副词，指全、全部。

《宋书·谢灵运传》:河北悉是旧户,差无杂人,连岭判阻,三关作隘。(卷67,页1774)

又《自序》:愚谓相去百步同赴告不时者,一岁刑,自此以外,差不及罚。(卷100,页2450)

"差"的总括副词用法是中古新兴用法,前修时贤阐释甚夥,兹不赘述。[①] 就我们所调查的南北朝文献而言,"差"作为总括副词在南朝文献中使用频率要高于北朝文献(详见表1.1)。

《北朝文》所见到的用例均出现在庾信作品中,且均为"差无惭德"。庾信是由南入北的作家,如果不排除他受南方方言的影响,不把这6例计入北朝文献用例的话,那么表示总括的范围副词"差"在北朝文献中的出现频率仅有2例,我们推断,表示总括义的范围副词"差"先在南方流行,南北朝时期已经开始向北方渗透。[②]

表1.1 "差"在南北朝文献中的使用(单位:例)

北朝文献	频率	南朝文献	频率
魏书	2[③]	宋书	2
北朝文	6	南朝文	14
齐民要术	0	世说新语	0
颜氏家训	0	周氏冥通记	1

① 参看董志翘、蔡镜浩《中古虚词语法例释》,吉林教育出版社,1994年,页55～58;蔡镜浩《魏晋南北朝词语例释》,江苏古籍出版社,1990年,页36～37。

② 《全上古三代秦汉三国六朝文·全陈文》卷八徐陵《武皇帝作相时与北齐广陵城主书》其中有"差无违礼"语句,可知在徐陵所处的南北朝末期南北双方已均知晓"差"之意义。

③ 《尒朱彦伯传》:"彦伯于兄弟之中,差无过患。"(卷75,页1665)《尒朱天光传》:"天光有定关西之功,差不酷暴,比之兆与仲远为不同矣。"(卷75,页1677)

续表 1.1

北朝文献	频率	南朝文献	频率
水经注	0	弘明集	1
洛阳伽蓝记	0	高僧传	0
贤愚经(13 卷)	0	菩萨善戒经(9 卷)	0
杂宝藏经(10 卷)	0	百喻经(4 卷)	0
金色王经(1 卷)	0	阿育王经(10 卷)	0
合计	8	合计	16①

【厨】

《宋书·顾觊之传》:绰大喜,悉出诸文券一大厨与觊之,觊之悉焚烧,宣语远近:"负三郎责皆不须还,凡券书悉烧之矣。"绰懊叹弥日。(卷 81,页 2081)

"厨"作为表称量的量词在南北朝时期已经出现,但据我们的调查,多出现在南朝文献或记录南朝史实的文献中,除上举《宋书》例之外,还有:

《世说新语·巧艺》:"谢太傅云:'顾长康画,有苍生来所无。'"刘孝标注引《续晋阳秋》曰:"恺之尤好丹青,妙绝于时。曾以一厨画寄桓玄,皆其绝者,深所珍惜,悉糊题其前。……"

《南史·谢弘微传》:"弘微临终语左右曰:'有二厨书,须刘领军至,可于前烧之,慎勿开也。'"

① 《宋书》中 2 例与南朝文中的重复,故不计入总数。

又《侯景传》："至夜，简文募人出烧东宫，台殿遂尽，所聚图籍数百厨，一皆灰烬。"

后世文献有所承用：

《全唐诗》卷五百八十温庭筠《病中书怀呈友人》："内史书千卷，将军画一厨。"

唐冯贽《云仙杂记》卷四"石莲匣"："许芝有妙墨八厨，巢贼乱，瘗于善和里第。事平，取之，墨已不见，惟石莲匣存焉。"

《册府元龟》卷二百七十六"宗室部·褒宠二"："南平元襄王伟，太祖第八子，齐和帝以为雍州刺史、宁蛮校尉。天监元年，进督荆宁二州。俄给鼓吹一部。十三年改为左光禄大夫，加亲信四十人，岁给米万斛，布绢五千匹，药直二百四十万厨……"

《咸淳临安志》卷十五魏了翁"后省斋宿"之一："独坐黄昏谁是伴，紫微阁上四厨书。"注："阁上有四厨书，久无人拂拭，多有蠹烂。"

宋张君房《云笈七签·经教相承部》"仙人临沮令许君"："元嘉六年，欲移居钱塘，乃封其真经一厨付朗。"

【荡主】

《宋书》：彭文之，太山人也。……顺帝初，为辅国将军、左军将军、南濮阳太守，直阁，领右细杖荡主。（卷83，页2125）

"荡主"南北朝时期指别帅，别将。清顾炎武《日知录》卷九"奡荡舟"："古人以左右冲杀为荡陈，其锐卒谓之跳荡，别帅谓之荡主。"

据我们调查，"荡主"为南北朝时期南方地区的特有语词，多出现在南朝文献或记录南朝史实的文献中，北方文献尚未见到用例。如：

《全陈文》卷四陈叔宝《废少主为临海王以安成王入纂令》："荡主侯法喜等，太傅麾下，惯游府朝，啖以深利，谋兴肘腋。适又荡主孙泰等，潜相连结，大有交通，兵力殊强，指期挺乱。"

又卷九徐陵《与章司空昭达书》："永定以来，所辟疆界，不过郡邑，今兹赴捷，二十余州，若较此功庸，方兹英力，汉之马援，不能为拟，吴之步骘，故是相悬，况孙处宗之叛徒，正槌荡主耳。"

《陈书·高祖纪上》："荡主戴冕、曹宣等攻拔果林一城，众军又克其四城。"

《南史·齐本纪下》："强许之，密令游荡主崔叔智夜开云龙门，稷及珍国勒兵入殿，分军又从西上阁入后宫，御刀丰勇之为内应。"

又《沈恪传》："武帝嘉其意，不复逼，更以荡主王僧志代之。"

又《陈本纪》："帐内荡主黄丛逆击，败之，烧其前军船舰，齐顿军保芜湖。"

【顿】

《宋书·鲜卑吐谷浑传》：于是拥马西行，日移一顿，顿八十里。经数顿，廆悔悟，深自咎责，遣旧父老及长史乙那楼追浑令还。（卷96，页2369）

"顿"在中古时期已有量词的用法，多用于量餐数，如晋葛洪《肘后备急方》卷三"崔知悌疗久嗽熏法"："凡如是五日一为之，待至六日，则饱食羊肉馎饦一顿，永差。"《全晋文》卷二十《杂帖》："卿可克过，明吾当下解相待，餐出亦遣报，既至王家毕，卿可豫檄光公，令作一顿美食，可投其饭也。"《世说新语·任诞》："襄阳罗友有大韵，少时多谓之痴。

尝伺人祠，欲乞食，往太蚤，门未开。主人迎神出见，问以非时，何得在此？答曰：'闻卿祠，欲乞一顿食耳。'遂隐门侧。至晓，得食便退，了无怍容。"《宋书·徐湛之传》："以锦囊盛高祖纳衣，掷地以示上曰：'汝家本贫贱，此是我母为汝父作此纳衣，今日有一顿饱食，便欲残害我儿子。'"

此处"日移一顿""数顿"之"顿"亦有量距离的倾向。

【换】

《宋书·何承天传附谢元传》：太尉江夏王义恭岁给资费钱三千万，布五万匹，米七万斛。义恭素奢侈，用常不充，二十一年，逆就尚书换明年资费。（卷64，页1710）

"换"指"借贷"，是中古时期常用的意义[①]。就我们调查而言，这种用法的"换"在《魏书》及北朝文献中见不到用例，多在南朝文献中出现，如：

《宋书·袁顗传》："胡以南运未至，军士匮乏，就顗换襄阳之资，顗答曰：'都下两宅未成，亦应经理，不可损彻。'"（卷84，页2152）

又《索虏传》："有司又奏军用不充，扬、南徐、兖、江四州富有之民，家资满五十万，僧尼满二十万者，并四分换一，过此率计，事息即还。"（卷95，页2349）

《南齐书·明帝纪》："逋租宿责，换负官物，在建武元年以前，悉

---

① 参见蔡镜浩《魏晋南北朝词语例释》，江苏古籍出版社，1990年，页144～146。王云路、方一新《中古汉语语词例释》，吉林教育出版社，1992年，页191。余让尧《〈宋书〉词语札记》，《江西大学学报》（社科版），1993年第1期。

原除。”

又《萧赤斧传附子颖胄传》:“颖胄献钱二十万,米千斛,盐五百斛。咨议宗塞、别驾宗夬献谷二千斛,牛二头。换借富赀,以助军费。”

《世说新语·雅量》:“唯庾子嵩纵心事外,无迹可闲。后以其性俭家富,说太傅令换千万,冀其有吝,于此可乘。”

另外,我们在《抱朴子》《搜神记》和《后汉书》中也检得数例:

《抱朴子·内篇·微旨》:“若乃憎善好煞,口是心非,背向异辞……假借不还,换贷不偿,求欲无已,憎拒忠信……凡有一事,辄是一罪,随事轻重,司命夺其算纪,算尽则死。”

《搜神记》卷十:“先时,有张妪者,尝往周家佣赁,野合,有身,月满,当孕,便遣出外,驻车屋下,产得儿。主人往视,哀其孤寒,作粥糜食之。问:‘当名汝儿作何?’妪曰:‘今在车屋下而生,梦天告之,名为车子。’周乃悟曰:‘吾昔梦从天换钱,外白以张车子钱贷我,必是子也。财当归之矣。’”

又卷一七:“曹公讨袁谭,使人从庙换千匹绢,君不与。曹公遣张合毁庙。”

《后汉书·孝桓帝纪》:“假公卿以下奉。又换王侯租以助军粮,出濯龙中藏钱还之。”

《抱朴子》《搜神记》和《后汉书》的编纂者都是当时的南方人,如果将《抱朴子》《搜神记》和《后汉书》也看作南方文献的话,我们大致可以得出这样的结论:具有“借贷”义的“换”在中古时期通行于南方。

【急】

《宋书·庾登之传附弟炳之传》:炳之请急还家,吏部令史钱泰、主

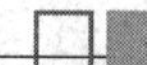

客令史周伯齐出炳之宅谘事。(卷53,页1518)

"急"为休假之名。《初学记》卷二十:"急、告、宁,皆休假名也……晋令:急假者,一月五急,一年之中以六十日为限。"

通过调查,我们发现"急"的这种用法在南方文献中出现,如:

《搜神记》卷八:"都水马武举戴洋为都水令史,洋请急还乡,将赴洛,梦神人谓之曰:'洛中当败,人尽南渡。年五年,扬州必有天子。'"①

《宋书·周朗传》:"初为南平王铄冠军行参军,太子舍人,司徒主簿,坐请急不待对,除名。"(卷82,页2089)

又《谢灵运传》:"出郭游行,或一日百六七十里,经旬不归,既无表闻,又不请急,上不欲伤大臣,讽旨令自解。灵运乃上表陈疾,上赐假东归。"(卷67,页1772)

《南齐书·萧谌传》:"郁林即位,深委信谌,谌每请急出宿,帝通夕不得寐,谌还乃安。"

后世史籍中多所承用,如:

《北齐书·颜之推传》:"崔季舒等将谏也,之推取急还宅,故不连署。及召集谏人,之推亦被唤入,勘无其名,方得免祸。"

《北史·杨愔传》:"愔闻之悲惧,因哀感发疾,后取急就雁门温汤疗疾。"

《南史·鄱阳忠烈王恢附范传》:"时朱异取急外还,闻之,遽入曰:'嗣王雄豪盖世,得人死力,然所至残暴非常,非吊人之材。……'"

---

① 此事《晋书》亦有记载:《艺术传·戴洋》:其后都水马武举洋为都水令史,洋请急还乡。将赴洛,梦神人谓之曰:"洛中当败,人尽南渡,后五年扬州必有天子。"洋信之,遂不去。既而皆如其梦。

又《申怙传》："怙初为骠骑刘道怜长兼行参军。宋受命，辟东宫殿中将军，度还台，直省十年，不请休急。"

《晋书·太宗简文帝纪》："及超请急省其父，帝谓之曰：'致意尊公，家国之事，遂至于此！由吾不能以道匡卫，愧叹之深，言何能喻。'"

【快手】

《宋书·建平宣简王宏附景素传》：时张保水军泊西渚，景素左右勇士数十人，并荆楚快手，自相要结，击水军，应时摧陷，斩张保，而诸将不相应赴，复为台军所破。（卷72，页1863）

"快"之"佳"义是魏晋南北朝时期常见义，如"快士""快吏""快人""快婿"[①]。而"快手"一词多见于南方文献。除上举《宋书》例外，还有：

《宋书·王镇恶传》："毅金城内东从旧将，犹有六队千余人，西将及能细直吏快手，复有二千余人。"（卷45，页1367）

顾炎武《日知录》卷二十五"快手"："快手之名，起自《宋书·王镇恶传》'东从旧将犹有六队千余人，西将及能细直吏快手复有二千余人'。《建平王景素传》'左右勇士数十人，并荆楚快手'。《黄回传》'募江西楚人，得快射手八百'。亦有称精手者。沈约自序'收集得二千精手'。《南史·齐高帝纪》'王蕴将数百精手，带甲赴粲'。《梁书·武帝纪》'航南大路悉配精手利器，尚十余万人'。"

方以智《通雅》卷二十五《官制》"快手"："快手，健丁也。黄回募江楚快手八百隶刘勔，乃伉健勇敢之称。"

---

① 详见董志翘《中古汉语的"快"及与其相关的词语》，《古汉语研究》，2003年第1期。

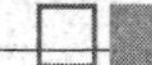

我们在南北朝时期的北方文献中尚未发现"快手"之用例。

【流查】

《宋书·沈攸之传》：南贼大帅刘胡屯浓湖，以囊盛米系流查及船腹，阳覆船，顺风流下，以饷赭圻。攸之疑其有异，遣人取船及流查，大得囊米。（卷74，页1928）

流查，即"流槎"，指木筏。就我们调查，南北朝时期该词只在南朝文献中出现，除《宋书》此例之外，又如[①]：

《全陈文》卷十四沈炯《大极殿铭》："既而新亭前江，有流查甚壮，盘根错节，枝叶葱蒨，津人以闻，正堪时用……"

我们在庾信的诗篇中寻得1例：《杨柳歌》"流槎一去上天池。织女支机当[②]见随"。庾信为由南入北之作家，此例可作为"流查（槎）"通行南北朝时期南方地区的旁证。

后世多有承用：

唐李亢《独异志》卷上："海若居海岛，每至八月即有流槎过。如是，累年不失期。其人赍粮乘槎而往，及至一处，见有人饮牛于河，又见织女，问其处，饮牛之父曰：'可归问蜀严君平，当知之。'其人归，诣君平。君平曰：'某年月日，有客星犯斗牛，计时，即汝也。'其人乃知随

① 梁宝唱等集《经律异相》卷44"慈罗放鳖后遇大水还济其命"："慈罗坐鳖背上，前去数里。见一女人在流槎上沮息欲死，便向慈罗乞丐求载。……前行十里，见卖鳖子流被槎上，从慈罗欲求载之。……前行数十里，见数升蛾流被槎上。"（53-228b）（出《阿难现变经》）据《出三藏记集》和《开元释教录》等，《阿难现变经》为伪经，作者不详。列此备考。

② 《文苑英华》作"应"。《诗纪》云：一作将。

流槎至天津。”

《全唐诗》卷五三四许浑《送黄隐居归南海》：“瘴雾南边久寄家，海中来往信流槎。”

宋孙光宪《北梦琐言·逸文》：“南人采龟溺，以其性妒而与蛇交。……其吉吊上岸与鹿交，或于水边遗精，流槎遇之，粘裹木枝，如蒲桃焉，色微青黄，复似灰色，号紫稍花，益阳道，别有方说。”

陆游诗《杂兴·又此身漂荡等流槎》：“陋巷无心长草莱，柴门偶自不曾开。”

【幔屋】

《宋书·沈庆之传》：顷之风甚，蛮夜下山，人提一炬以烧营。营内多幔屋及草庵，火至辄以池水灌灭，诸军多出弓弩夹射之，蛮散走。(卷77，页1998)

“幔屋”指帐篷，南北朝时期多在南方文献或记录南朝史实的文献中出现，如：

《宋书·吴喜传》：“此等既随喜行，多无功效，或隐在众后，或在幔屋中眠。”(卷83，页2118)

《魏书·岛夷桓玄传》：“玄挟德宗发寻阳，至江陵，西中郎将桓石康纳之。张幔屋，止城南，署置百官，以卞范之为尚书仆射，殷仲文为徐州，其余各显用。”(卷97，页2124)此历史事件《晋书》也有记录，《桓玄传》：“玄至江陵，石康纳之，张幔屋于城南，署置百官，以卞范之为尚书仆射，其余职多用轻资。”

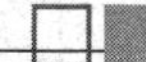

刘宋刘义庆《幽明录》:“便于甄傍边岸上张幔屋。”[①]

【乞活】

《宋书·王镇恶附康传》:时有一人邵平,率部曲及并州乞活一千余户屯城南,迎亡命司马文荣为主。(卷45,页1371)

“乞活”是中古时期颇具特色的语词,本指“乞求活命”,如曹操《善哉行》之二:“泣涕于悲夫,乞活安能睹?”《后汉书·方术下·费长房》:“时魅适来,而逢长房谒府君,惶惧不得退,便前解衣冠,叩头乞活。”后专指“到有粮之地就食求生”,如《晋书·东海王越传》:“初,东赢公腾之镇邺也。携并州将田甄、甄弟兰……等部众万余人至邺,遣就谷冀州,号为乞活。”引申指“逃亡求食的饥民”[②],如上举《宋书》例。并且有了以此命名的地方,如《水经注》中的“乞活台”[③]、《魏书》中的“乞活垒”[④]、《宋书》中的“乞活堡”[⑤]。

据我们初步调查,表示“饥民”的“乞活”多出现在南朝文献或记录南朝史实的文献中,除上举《宋书》例外,还有:

---

① 出自鲁迅《古小说钩沉》。

② 《资治通鉴·晋恭帝元熙元年》:“有司马文荣者,帅乞活千余户屯金墉城南。”胡三省注:“惠帝时,并州饥荒,其吏民随东燕王腾东下,号曰乞活,是后,流徙逐粮者,亦曰乞活。”

③ 《水经注》卷二十二《渠水》“又东至浚仪县”注引《陈留风俗传》曰:“县有苍颉师旷城,上有列仙之吹台,……晋世丧乱,乞活凭居,削堕故基,遂成二层,上基犹方四五十步,高一丈余,世谓之乞活台,又谓之繁台城。”

④ 《魏书·徒何慕容廆附元真子德传》:“德冠军将军苻广叛于乞活垒,德留兄子和守滑台,率众攻广,斩之。”(卷95,页2071)

⑤ 《宋书·垣护之传》:“思话复令度河戍乞活堡以防追军。”(卷50,页1449)

《晋书·桓温传》:"温遣桓伊及弟子石虔等逆击,大破之,瑾众遂溃,生擒之,并其宗族数十人及朱辅送于京都而斩之,瑾所侍养乞活数百人悉坑之,以妻子为赏。"

《陈书·高祖本纪上》:"迁仕凶慝,屯据大皋,乞活类马腾之军,流民多杜韬之众,推锋转斗,自北徂南,频岁稽诛,实惟勍虏。"

【肉薄】

在《宋书》中6见,其后多接"攻城"或"攻营",如:

《宋书·朱龄石传附弟超石传》:嗣又遣南平公托跋嵩三万骑至,遂肉薄攻营。(卷48,页1426)

又《索虏传》:虏肉薄攻城,死者甚众,宪将士死伤亦过半。(卷95,页2344)

又《自序·邵弟璞传》:腹心劝璞还京师,璞曰:"若贼大众,不盼小城,故无所惧。若肉薄来攻,则成禽也。诸君何尝见数十万人聚在一处,而不败者。昆阳、合淝,前事之明验。此是吾报国之秋,诸君封侯之日。"(卷100,页2462)

方一新先生认为"肉薄""犹言成群结队,蜂拥而上"。[①] 呼叙利先生认为"薄"即"攻","肉薄"就是"人攻","主要依靠士卒的力量攻城(包括营、垒、栅等)",是在无专门攻城器械条件下的古代攻城战的一种方式。[②]

① 见方一新《东汉魏晋南北朝史书词语笺释》,黄山书社,1997年。又《中古汉语词义求证法论略》,《浙江大学学报》(人文社会科学版),2002年第5期。

② 呼叙利《"肉薄"补释》,《古汉语研究》,2010年第1期。

“肉薄”这种用法不见于《魏书》及北朝文献。南朝文献中还见于《南齐书》，如《垣崇祖传》：“虏众由西道集堰南，分军东路肉薄攻小城。”又《王广之传》：“宝结营拒战，广之等肉薄攻营，自晡至日没，大败之，杀伤千余人，遂退，烧其运车。”

【透】

《宋书·柳元景传》：元景察贼衰竭，乃命开垒，鼓噪以奔之，贼众大溃，透淮死者甚多。（卷77，页1988）

“透”乃“跳”义，为南方方言词，在中古时期南方文献中广泛使用。如：

晋王羲之《笔势论·启心章》：“每作一放纵，如足行之趋骤然，如惊蛇之透水，激楚浪以成文。”

晋干宝《搜神记》：“有一玉，长尺许，形似冬瓜，从死人怀中透出，堕地。”

南朝宋谢灵运《山居赋》：“植物既载，动物亦繁，飞泳骋透，胡可根源。”

唐代文献多有承用：

《南史·元帝徐妃》：“太清三年，遂逼令自杀。妃知不免，乃透井死。”

《梁书·羊侃附鹍传》：“景欲透水，鹍抽刀斫之，景乃走入船中，以小刀抉船，鹍以矟入刺杀之。”（卷39，页562）

敦煌变文《伍子胥变文》：“江神遥闻剑吼，战悼，涌沸腾波。鱼鳖忙怕攒泥，鱼龙奔波透出。”①

【下日】

《宋书·江夏文献王义恭传》：西楚殷旷，常宜早起，接对宾侣，勿使留滞。判急务讫，然后可入问讯，既睹颜色，审起居，便应即出，不须久停，以废庶事也。下日及夜，自有余闲。（卷61，页1641）

“下日”指下直时间，即非工作时间、下班时间。《宋书》例出自刘义隆给刘义恭的告诫信，语言通俗直白，口语性很强。“下日”应为当时口语词。但就我们调查，北朝文献未见，后世文献有所承用②：

《故唐律疏议》卷第七“禁卫”：“问曰：假有宿卫人，番期五日未满，因一日假，遂违不上，为当止得四日违罪，唯复累至罪止而科？答曰：番期有限，限内有故须请假，日满即须赴番。违假不上，准日科断。其人四日之外，即当下直，下日不劳请假，岂合计日累科。四日之外，明知不坐。”

《贞观政要·慎终》：“顷年已来，疲于徭役，关中之人，劳弊尤甚。杂匠之徒，下日悉留和雇；正兵之辈，上番多别驱使。”

---

① 黄征、张涌泉《敦煌变文校注》，中华书局，1997年，页8。

② 我们在《酉阳杂俎》检得一例“下日”：“老人言：‘偶有良药，可封之，下日不开必愈。’又玄如其言。”（《诺皋记下》）此“下日”似为“今日”之义。存疑。

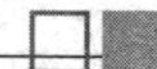

【下直】

《宋书·殷淳传》:淳居黄门为清切,下直应留下省,以父老,特听还家。(卷59,页1597)

上古时期一般用"退朝""退食"表示在宫中或官府当直结束,下班。中古时期除承用之外,又有了新的表示法,即称之为"下直"或"休下"。如:

《三国志·魏书·许褚传》:"时常从士徐他等谋为逆,以褚常侍左右,惮之不敢发。伺褚休下日,他等怀刀入。"

《魏书·岛夷桓玄传》:"晨夜游猎,文武困乏。直侍之官,皆系马省中;休下之吏,留供土木之役。朝士劳瘁,百姓力尽,民之思乱,十室而八。"(卷97,页2123)

就我们初步考察,"下直"一词南北朝时期多出现在南朝文献中,除上举《宋书》例外,又如:

《南齐书·王敬则传》:"苍梧王狂虐,左右不自保,敬则以太祖有威名,归诚奉事。每下直,辄往领府。夜著青衣,扶匐道路,为太祖听察苍梧去来。"

又《张欣泰传》:"欣泰通涉雅俗,文结多是名素。下直辄游园池,著鹿皮冠,衲衣锡杖,挟素琴。"

后世文献亦有承继,如:

《梁书·周舍传》:"虽居职屡徙,而常留省内,罕得休下,国史诏诰,仪体法律,军旅谋谟,皆兼掌之。"此事《资治通鉴》亦有记载,《梁武帝天监二年》:"舍雅量不及勉,而清简过之,两人俱称贤相,常留省内,罕得休下。"胡三省注:"休下,谓休偃下直也。"

《隋书·元胄传》："胄时当下直，不去，因奏曰：'臣不下直者，为防元旻耳。'"

宋孔平仲《续世说·假谲》："陈少游除桂州，畏远官，觊近郡。时中官董秀用事，少游乃宿于其里，候其下直。"

金元好问《续夷坚志》卷三"孝顺马"："宣宗朝，一亲军卒畜一铁色骢，能知人指使。此卒无兼丁，每上直，马自负卧具继至；下直，则负之而归。"

《资治通鉴·唐文宗太和五年》："是日，旬休，遣中使悉召宰相至中书东门。"胡三省注："一月三旬，遇旬则下直而休沐，谓之旬休，今谓之旬假是也。"

【与手】

《宋书·薛安都传》：元景遥问："薛公何处去？"安都跃马至车后曰："小子庾淑之鞭我从弟，今指往刺杀之。"元景虑其不可驻，乃绐之曰："小子无宜适，卿往与手，甚快。"（卷88，页2216）

《宋书·索虏传》：泰之等至，虏都不觉，驰入袭之，杀三千余人，烧其辎重。……诸亡口悉得东走，大呼云："官军痛与手。"虏众一时奔散，因追之，行已经日，人马疲倦，引还汝南。（卷95，页2345）

"与手"是中古时期颇具特色的一个语词，指"殴打""搏击""交手"[①]。还有"与痛手""与苦手"等形式，如《续搜神记》"索逊"条"骂此

① 《汉语大词典》"与手"条下释义为："犹言下毒手。"误。相关考辨可参见周一良《魏晋南北朝史札记·〈宋书〉札记·无宜适、与手、言论》，中华书局，1985年；蔡镜浩《魏晋南北朝词语例释》，江苏古籍出版社，1990年；方一新《东汉魏晋南北朝史书词语笺释》，黄山书社，1997年。

人曰：我数里载汝而来，往去不与人牵船。欲与痛手。”《北齐书·陈元康传》：“高祖曰：‘我为舍其命，须与苦手。’”周一良先生曾指出“与痛手”“与苦手”即“痛打”“苦打”。[①]

根据我们的调查，多在南朝文献中或记录南朝史实的文献中出现，除上举《宋书》例之外，还有：

梁宝唱等集《经律异相》卷十七《五百盲儿崎岖见佛眼明悟道》：“盲人不知为在何国，互相捉手践踏他田，伤碎苗谷。田主见之盛发瞋怒，语痛与手。”（出《贤愚经》第六卷）

刘宋刘义庆《幽明录》：“奴用其言，果见人来，鬼便捉头。奴唤与手，即时倒地，还半路便死。”

《晋书·周处传》：“续衣里带小刀，便操刃逼莚，莚叱郡传教吴曾：‘何不与手！’曾有胆力，便以刀环筑续，杀之。”

《南史·张彪传》：“彪左右韩武入视，彪已苏，细声谓曰：‘我尚活，可与手。’”

---

① 周一良《魏晋南北朝史札记·〈宋书〉札记·无宜适、与手、言论》，中华书局，1985年。

第二章　北方特有语词

南北朝时期，北朝通语以洛阳话为标准，由于受到北方少数民族语言的影响，呈现出和南朝通语不同的特点。《魏书》《宋书》中记录了一些南北朝时期通行于北方地区的语词。

【别】

《魏书·世祖太武帝纪附恭宗景穆帝纪》：各列家别口数，所劝种顷亩，明立簿目。所种者于地首标题姓名，以辨播殖之功。（卷4下，页109）

又《崔光传》：光又为百三郡国诗以答之，国别为卷，为百三卷焉。（卷67，页1499）

又《尒朱荣传》：自是之后，日觉滋盛，牛羊驼马，色别为群，谷量而已。（卷74，页1644）

又《释老志》：尚书检诸有僧祇谷之处，州别列其元数，出入赢息，赈给多少，并贷偿岁月，见在未收，上台录记。（卷114，页3041）

上述各例中的“别”表示“每”。“家别”为“每家”，“国别”为“每国”，“色别”为“每色”，“州别”为“每州”。

另外《魏书》中还有“人别”“厢别”“户别”“部别”“事别”等，例不赘举。北朝其他文献中也有用例，如北魏贾思勰《齐民要术》中有“日别”

“种别”“区别”“井别”“树别”“根别”“窠别”“年别”[①]“瓮别”等，《齐民要术》卷六“养羊”：“若多者，日别渐渐涂之，勿顿涂令遍。”《齐民要术》卷一“种谷”：“一日作千区，区种粟二十粒，美粪一升，合土和之，亩用种二升。秋收，区别三升粟，亩收百斛。”北魏杨衒之《洛阳伽蓝记·景林寺》中：“景阳山南有百果园，果别作林，林各有堂。”[②]

“别”的这种用法在南朝文献中没有找到用例，但我们发现在唐代北方地区的文献中有大量使用，如圆仁《入唐求法巡礼行记》：“维那师出来于高座前，读申会兴之由，及施主别名、所施物色。”（卷二，开成四年十一月廿二日）[③]敦煌文书中更是常见，如《唐开元二十五年（公元七三七年）元水部式残卷》（伯二五〇七号）：“京兆府灞桥、河南府永济桥，差应上勋官并兵部散官，季别一人，折番检校。仍取当县残疾及中

① 参见董志翘《敦煌文书词语考释》，《敦煌研究》，1998 年第 1 期。（后收入《中古文献语言论集》，巴蜀书社，2000 年。）阚绪良先生也指出《齐民要术》中的“别”的这种用法，见阚绪良《齐民要术三则札记》，《中国农史》，2003 年第 4 期。

② “果别作林”，传世本作“果列作林”。董志翘先生考证“果列作林”乃“果别作林”之讹。此言“百果园中，按果树的种类，每一种果树成为一片林子。”《太平御览》卷九六五引此句正作“果别为一林”。参见董志翘《敦煌文书词语考释》，《敦煌研究》，1998 年第 1 期。（后收入《中古文献语言论集》，巴蜀书社，2000 年。）

③ 董志翘先生断明此“及施主别名”之“别”乃表“每一”义，“施主别”为一单位，即“每个施主”之义，“施主别名”即“各个施主的名字”。（参见董志翘《敦煌文书词语考释》，《敦煌研究》，1998 年第 1 期。后收入《中古文献语言论集》，巴蜀书社，2000 年。）《入唐求法巡礼行记》为日本高僧圆仁用汉文所著，总的说来反映了北方方言的地域特征。参见董志翘《〈入唐求法巡礼行记〉词汇研究》，中国社会科学出版社，2000 年。

男分番守当。灞桥番别五人，永济桥番别二人。”[①]唐写本书仪（斯一七二五号）：“妇人亲迎入室，即是与夫党相识。若有吉凶覲问，曰即作书也。近代之人多不亲迎入室，即是遂就妇家成礼，累积寒暑，不向夫家。或逢诞育男女，非至一二。道途或远，不可日别通参舅姑。其有吉凶，理须书疏。妇人虽已成礼，即于夫党元不相识，是名疏也。”[②]《唐开元二十二年（公元七三四年）杨景璇牒为父赤亭镇将杨嘉麟职田出租请给公验事》：“亩别粟六斗，计卌五石六斗。”[③]《唐永淳元年（公元六八二年）西州高昌县下太平乡符为百姓按户等贮粮事》：“上户户别贮一十五石，上中户户别贮一十二石。”[④]“施主别”“季别”“番别”“日别”“亩别”“户别”分别指每个施主、每季、每一班、每天、每亩、每户。从这些用例中可以看出，即便是在唐代，表“每一”的“别”的地域特征仍然十分明显。日本汉学家入矢义高在《中国口语史的构想》中谈到：“从北魏、六朝早期到唐代一段时间内偶尔在文献中出现过一些奇妙的词汇：‘年别’‘月别’。‘年别’即‘每年’的意思，还有‘日别’‘人别’‘家别’等，《北齐书》和《齐民要术》中有很多带“别”字的用例。小川环树

① 唐耕耦、陆宏基编《敦煌社会经济文献真迹释录》（第二辑），书目文献出版社，1990 年，页 583。又见于刘俊文《敦煌吐鲁番唐代法制文书考释》，中华书局，1989 年，页 333，“P. 2507 开元水部式残卷”。

② 周一良、赵和平《敦煌写本书仪中所见的唐代婚丧礼俗》，见周一良、赵和平《唐五代书仪研究》，中国社会科学出版社，1995 年，页 290。

③ 唐长孺主编《吐鲁番出土文书》（简装本第九册），文物出版社，1990 年，页 101。又唐长孺主编《吐鲁番出土文书》（图文对照本第肆册），文物出版社，1996 年，页 313。

④ 唐长孺主编《吐鲁番出土文书》（简装本第七册），文物出版社，1986 年，页 392。又唐长孺主编《吐鲁番出土文书》（图文对照本第叁册），文物出版社，1996 年，页 487。

先生推测这或许是乌拉尔·阿尔泰语系的词汇掺杂在汉语中的痕迹。"[①]我们推测表"每一"的"别"从南北朝时期到唐代这段时间里可能主要通行于北方地区。

【博】

《宋书·索虏传》:若厌其区宇者,可来平城居,我往扬州住,且可博其土地。注:"伧人谓换易为博。"(卷75,页2347)

"博"表示"交换""交易"义,真大成先生[②]认为至晚在公元4世纪"博"就有了此义,最初很可能是当时的北方方言词。如姚秦竺佛念译《出曜经》卷二二《广演品》:"如昔有士,多贮财货,饶诸谷食。意欲远游,便以家谷粜之,易宝积珍无量。后复以珍宝多易好银,意复嫌多,便以好银转博紫磨金。"(04-724c)《齐民要术》卷三"荏、蓼":"良地十石,多种博谷则倍收,与诸田不同。"还有"博易""博贸"等形式,如北凉昙无谶译《大般涅槃经》卷六《如来性品三》:"为利养故,为称誉故,为了法故,为依止故,为用博易其余经故,不能广为他人宣说。"(12-398b)后秦鸠摩罗什译《大庄严论经》卷十二:"谁有智慧者,以此危脆身,博贸坚牢法,而当不欣庆。"(04-323a)至晚在6世纪初已扩散至南

① [日]入矢义高《中国口语史的构想》,《汉语史学报》第四辑,浙江大学汉语史研究中心编,上海教育出版社,2004年。《中国口语史的构想》是入矢义高1986年在东北大学作的演讲,刊于《集刊东洋学》第五十六号,后收入《空花集—入矢义高短篇集》(1992年)。小川环树的论说见于《关于稻荷山古坟的铁剑名与太安万侣墓所见的Koreanism(古代朝鲜语法的影响)》(1980年)。

② 真大成《也说"博换"》,《中国语文》,2006年第6期。

方地区，如南朝梁曼陀罗仙共僧伽婆罗译《宝云经》卷七："若有人施佛法僧物及僧祇物，如是之物，取为己用，乃至博贸贩卖，出息生利，而自入己，如是等物名非法财。"(16-237b)但南方地区使用尚不广泛。

后世文献沿用，如隋阇那崛多译《佛本行集经》卷十八《剃发染衣品》："而说偈言：此是解脱圣人衣，若执弓箭不合著。汝发欢喜心施我，莫惜共我博天衣。"(03-738a)唐卢仝《若雪寄退之》诗："市头博米不用物，酒店买肉不肯赊。"敦煌写本斯一一五六号《季布诗咏》："千金不愽老头春，醉卧阶前望却贫。"[①]《旧唐书·食货上》："时又令于龙兴观南街开场，出左藏库内排斗钱，许市人博换，贫弱者又争次不得。"

【草】

《魏书·吐谷浑传》：青海周回千余里，海内有小山，每冬冰合后，以良牝马置此山，至来春收之，马皆有孕，所生得驹，号为龙种，必多骏异。吐谷浑尝得波斯草马，放入海，因生骢驹，能日行千里，世传青海骢者是也。(卷101，页2240～2241)

《魏书·蠕蠕传》：阿那瓌等拜辞，诏赐阿那瓌……婢二口，父草马五百匹，驼百二十头，牸牛一百头，羊五千口……(卷103，页2300)

"草"指雌性禽畜，为南北朝时期北方方言词。如北凉昙无谶译《大般涅槃经》卷二十八《师子吼菩萨品》："如汝所言乳有酪者，何故卖乳之人但取乳价不责酪直？卖草马者但取马价不责驹直？"(12-531a)

① "愽"乃"博"之俗字，"望"乃"忘"之别字。参见张涌泉《汉语俗字研究》(增订本，商务印书馆，2010)，页53。

《齐民要术·序》:“杜畿为河东,课民畜牸牛、草马[①],下逮鸡、豚,皆有章程,家家丰实。”又《齐民要术》卷六“养牛、马、驴、骡”:“常以马覆驴,所生骡者,形容壮大,弥复胜马。然必选七八岁草驴,骨目正大者:母长则受驹,父大则子壮。草骡不产,产无不死。养草骡,常须防勿令杂群也。”颜师古《匡谬正俗》卷六“草马”:“其牝马唯充蕃字不暇服役,常牧于草,故称草马耳。”章炳麟《新方言·释动物》:“今北方通谓牝马曰草马,牝驴曰草驴。”

在现代汉语中,南方方言中也称雌性牲畜为“草”,如吴方言区的温州等地称呼“草马”“草狗”“草猫”“草鸡”“草鸭”,金华等地称呼“草鸡”“草鸭”。闽方言区的厦门等地也称呼“草鸡”等。[②]

【貉子】

《魏书·僭晋司马叡传》:“中原冠带呼江东之人,皆为貉子,若狐貉类云。”(卷96,页2093)

魏晋时期,北人骂南人为“貉子”,如《三国志·蜀书·关羽传》:“先是,权遣使为子索羽女。羽骂辱其使,不许婚,权大怒。”裴松之注引《典略》曰:羽围樊,权遣使求助之,敕使莫速进。又遣主簿,先致命于羽。羽忿其淹迟,又自已得于禁等。乃骂曰:“狢子敢尔!如使樊城拔,吾不能灭汝邪!”《世说新语·纰漏》:“孙秀降晋,晋武帝厚存宠之,妻以姨妹蒯氏,室家甚笃。妻尝妒,乃骂秀为‘貉子’”。据刘孝标注孙秀为吴郡吴人,蒯氏为襄阳人。南朝宋刘世叔《异苑》卷十“周虓守

① 缪启愉校释:“草马即母马。”

② 参见《现代汉语方言大词典》。

节”:“浔阳周虓,字孟威,晋宁康中,镇于巴西,为苻坚所获,守节不屈。……坚闻之曰:‘貉子正欲觅死,杀之适足成其名耳。’乃苦加拷楚,不食而卒。……”①

后世文献中亦有沿用,如《北史·王罴传》:“罴尚卧未起,闻阁外汹汹有声,便袒身露髻徒跣,持一白棒,大呼而出,谓曰:‘老罴当道卧,貉子那得过!’”陆游《遣怀》:“漫道卧熊吞貉子,安能淅米向矛头?”清施士洁《后苏龛合集·后苏龛诗钞》卷七“诸罗忠烈罗参戎祠”:“南来貉子不敢过,老罴横卧当其冲。”

章炳麟《新方言·释言》:“《说文》:‘貉,北方豸种。’凡相轻贱则骂貉子。……今江南运河而东,相轻贱则呼貉子。”今江苏扬州、镇江、盐城等地对苏北里下河一带的人尚贬称“貉子”。②

【蛆】

《魏书·甄琛传》:琛曾拜官,诸宾悉集,峦乃晚至,琛谓峦曰:“卿何处放蛆来,今晚始顾?”虽以戏言,峦变色衔忿,及此,大相推穷。(卷68,页1512)

此例“蛆”比喻坏话、闲话。就我们调查,“蛆”这种比喻用法只在《魏书》和《北史》中见到,如《北史·甄琛传》:“琛曾拜官,诸宾悉集,峦乃晚至。琛谓峦:‘何处放蛆来,今晚始顾?’虽以言戏,峦变色衔忿。”在中古之后的文献依然可见,如元王实甫《西厢记》第五本第四折:“那

① 《太平御览》卷四三八、《册府元龟》卷四二四所引《异苑》文字同。

② 扬州话“貉子”读[laʔ^{1} tsɛ],镇江话读[mɔ^{21} tsʔ^{0}]。参见《现代汉语方言大词典》《汉语方言大词典》。

吃敲才，怕不口里嚼蛆，那厮待数黑论黄，恶紫夺朱。”《红楼梦》第九回：“李贵忙喝道：‘偏这小狗攮知道，有这些蛆嚼！’”《红楼梦》第三三回：“那琪官儿的事，多半是薛大爷素昔吃醋，没法儿出气，不知在外头挑唆了谁来，在老爷跟前下的蛆。”民国时期叶小凤《如此京华》上卷第十六回：“掯芬又急又笑道：‘你快搁着嚼蛆，讲罢！’”沈从文《绅士的太太》：“听到一点毫无根据的谰言，就拿来嚼蛆。”“嚼蛆”在现代汉语方言中依然使用，如在扬州、丹阳话中指信口胡说，“有话当面讲，不要背后嚼蛆”（扬州）[①]，“你弗要听他嚼蛆”（丹阳）[②]。在武汉、银川、苏州等地指胡说八道，为詈词，如“你又在嚼蛆”（武汉），“你罢听他嚼蛆，哪有那回事呢”（银川），“俚说今朝请客吃饭，用脱一百只洋得来——听俚嚼蛆”（苏州）[③]。上海话中更有“嚼白蛆”的说法[④]。

【却霜】

《宋书·索虏传》：其俗以四月祠天，六月末率大众至阴山，谓之却霜。阴山去平城六百里，深远饶树木，霜雪未尝释，盖欲以暖气却寒也”（卷95，页2322）

《太平御览》卷四〇一引《宋书》曰：“虏俗以四月祠火，六月末，率大众至阴山，谓之却霜。阴山去平城六百里，深远，饶树木，霜雪未尝

① 引自《现代汉语方言大词典》。

② 引自《现代汉语方言大词典》。

③ 引自《现代汉语方言大词典》。

④ 上海话“嚼白蛆”为詈词，多指说出无意义的闲话。参见《现代汉语方言大词典》。

释，盖欲以暖气御寒也。"《资治通鉴·晋安帝隆安二年》亦有相关记载："魏之旧俗，孟夏祀天及东庙，季夏帅众却霜于阴山，孟秋祀天于西郊。"（卷110，页3484）

【仞】

《魏书·铁弗刘虎附昌传》：初，屈子性奢，好治宫室。城高十仞，基厚三十步，上广十步，宫墙五仞，其坚可以砺刀斧。（卷95，页2059）

我们调查了《魏书》和《宋书》的全部用例。《魏书》共6例，其中2例出现在后人增补卷中，因此属于北朝时期的只有4例，除上文所举例，其余2例是：

《崔光传》："文武慑心，左右悦目，吾王不游，吾何以休，不窥重仞，安见富美。"（卷67，页1492）

《释老志》："必如其言，未若因东山万仞之上，为功差易。"（卷114，页3053）

《宋书》共有6例，分别是"深谷万仞"（卷22，页663）、"中高一仞"（卷27，页781）、"进往将千仞"（卷58，页1591）、"决飞泉于百仞"（卷67，页1757）、"杪千仞而排虚"（卷67，页1762）、"夫千仞之木"（卷85，页2183）。

结合我们对南北朝其他文献的调查（参见表2.1），发现在文言性较强的文献中，"仞"还在使用，正如刘世儒先生所言量词"仞""在南北朝除文人

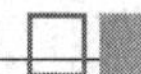

笔下仍多沿用外，一般已不通行”[①]。但我们注意到在中古时期的汉译佛经中，量词“仞”只出现在北方译经中[②]，这是否说明本为通语的“仞”在南北朝时期已经降格为一个地区方言词，只通行于北方口语中？

表 2.1　“仞”在南北朝文献中的使用(单位:例)

北朝文献	仞	南朝文献	仞
魏书	4	宋书	6
北朝文	36	南朝文	59
水经注	24	世说新语	2
洛阳伽蓝记	3	高僧传	1
齐民要术	1[③]	周氏冥通记	0
贤愚经(13 卷)	2	菩萨善戒经(9 卷)	0
杂宝藏经(10 卷)	0	百喻经(4 卷)	0
金色王经(1 卷)	0	阿育王经(10 卷)	0
合计	70	合计	68

① 刘世儒《魏晋南北朝量词研究》，中华书局，1965 年，页 226。

② 汪祎《中古佛典量词研究》，南京师范大学博士学位论文，2008 年，页 114。兹转引其例：

苻秦昙摩难提译《阿育王息坏目因缘经》：“或飞虚空，去地七仞。”(50-179a)

姚秦竺佛念译《出曜经》卷 7：“便为菩萨作食，乳沸出釜上一仞，复还入釜。”(04-644c)

姚秦竺佛念译《鼻奈耶》卷 6：“即敕巧师，刻以作钵，竖大长木，去地十仞。”(24-877b)

姚秦竺佛念译《鼻奈耳耶》卷 9：“佛力使迦留陀夷身踊出，去地七仞。”(24-893a)

元魏慧觉等译《贤愚经》卷 2：“佛于是日，身升高座，放于脐光，分作两奇，离身七仞。”(04-363b)

③ 此例为贾思勰引《括地图》：“昔乌先生避世于芒尚山，其子居焉。化民食桑，三十七年，以丝自裹；九年生翼，九年而死，其桑长千仞，盖蚕类也。去琅邪二万六千里。”(卷十《五谷、果蓏、菜茹非中国物产者·桑》)

【剩】

段玉裁《说文解字注·贝部》："賸，今义训为赘疣，与古义小异，实古义之引申也。改其字作剩而形异也。"《集韵·证韵》："賸，余也。俗作剩。"可见"剩"乃"賸"之俗字，义为"余"。又《广韵·证韵》："剩，剩长也。"《字汇·刀部》："剩，余也；冗长也。"

《魏书》中11见，均为"剩余"义。如：

《食货志》：三门都将薛钦上言："……今求车取雇绢三匹，市材造船，不劳采斫。计船一艘，举十三车，车取三匹，合有三十九匹，雇作手并匠及船上杂具食直，足以成船。计一船剩绢七十八匹，布七百八十匹。又租车一乘，官格四十斛成载。私民雇价，远者五斗布一匹，近者一石布一匹。准其私费，一车布远者八十匹，近者四十匹。造船一艘，计举七百石，准其雇价，应有一千四百匹。今取布三百匹，造船一艘并船上覆治杂事，计一船有剩布一千一百匹。"（卷110，页2858）

《释老志》：然比日私造，动盈百数。或乘[①]请公地，辄树私福；或启得造寺，限外广制。如此欺罔，非可稍计。臣以才劣，诚忝工务，奉遵成规，裁量是总。所以披寻旧旨，研究图格，辄遣府司马陆昶、属崔孝

① 中华书局点校本校勘记："或乘请公地"，《册府》卷五一（五七二页）"乘"作"剩"。按"剩"是额外多余之意，《通典》卷二引《关东风俗传》有"至有贫人，实非賸（即剩）长买匿"语，意为实非额外多买，隐匿田地。所谓"剩请公田"，亦即额外多请公地。"乘"疑当作"剩"。中华书局点校本修订本校勘记：按"剩"当时有额外、多余之意。疑是。

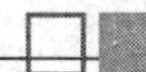

芬，都城之中及郭邑之内检括寺舍，数乘[①]五百，空地表刹，未立塔宇，不在其数。（卷 114，页 3026）

其他北朝文献和记录北朝史实的文献中亦见，如《后魏文》卷四十七张普惠《表论时政得失》："绢布，匹有尺丈之盈，一犹不计其广；丝绵，斤兼百铢之剩，未闻依律罪州郡。"北周甄鸾《五经算术》卷上"尚书定闰法"："若七月皆小，则剩二十五日；若七月皆大，犹余十八日。"《周书·寇俊传》："家人曾卖物与人，而剩得绢五匹。"

南朝文献只在《全梁文》中见到 1 例：卷十六梁元帝《为江夏王安丰谢东宫赉锦启》："舒将并石，堪来暮雨；萦持结缆，剩可荡舟。"

后世文献常见，如敦煌变文《祇园因由记》："长者暂思，意筹金藏：若开小者，恐金不充；欲开大藏，恐金有剩。"[②]唐孙棨《北里志·颜令宾》："顾落花而长叹数四，因索笔题诗云：'气余三五喘，花剩两三枝。话别一樽酒，相邀无后期。'"唐道宣《四分律删繁补阙行事钞》卷上《通辨羯磨篇》："白中文义俱通三句，羯磨之中文义通者头尾一言，不可增略，必须通诵，缺剩不成。"(40-11a)《史记·滑稽列传·淳于髡》"淳于髡者，齐之赘婿也"唐司马贞《索隐》："女之夫也，比于子，如人疣赘，是余剩之物也。"

【瓮】

《魏书·尒朱世隆传》：奴云："此屋若闭，求得开看，屋中有一板床，

① 中华书局点校本校刊记："数乘五百"，《册府》同上卷页，作"剩"。按"数剩五百"即数逾五百之意，"乘"也是"剩"之讹。中华书局点校本修订本校勘记："乘"《册府》卷五一作"剩"，疑是。"数乘五百"意即数逾五百。

② 黄征、张涌泉《敦煌变文校注》，中华书局，1997 年，页 602。

床上无席，大有尘土，兼有一瓮米。奴拂床而坐，兼画地戏弄，瓮中之米亦握看之。定其闭者，应无事验。”(卷75，页1671)

瓮，大口小腹的容器，多为陶制。在《魏书》例中“瓮”借为量词。“瓮”的量词用法在北方地区的文献中多见使用，如：

西晋竺法护译《普曜经》卷七：“欲行天人，各共赍持万瓮香水，色行天人俱亦如是。”(03-524c)

元魏吉迦夜共昙曜译《付法藏因缘传》卷六：“有一长者，缘事余行，以二瓮金寄其亲友。一瓮金大，二者金小。语亲友言：吾欲他行，持此相寄。我子意若有欲得者，必当与之。”(50-320b)

《齐民要术》卷七“笨曲并酒”：“若多作五瓮以上者，每炊熟，即须均分熟黍，令诸瓮遍得；若偏酘一瓮令足，则余瓮比候黍熟，已失酘矣。”

又卷八“作酱等法”：“悉贮出，搦破块，两瓮分为三瓮。”

《水经注》卷三十八《溱水》：“泷水又左合林水，林水出县东北洹山。王歆[①]之《始兴记》曰：‘林水源里有石室，室前磐石上，行罗[②]十瓮，中悉是饼银。’”

《全后周文》卷八庾信《小园赋》：“燋麦两瓮，寒菜一畦。”

“瓮”的量词用法在南北朝时期南朝文献少见，我们只在刘宋求那跋陀罗译《杂阿含经》中有所发现，如卷二十三：“王闻以乳溉灌树还得生，日日送千瓮乳溉灌其本，树还复如先。”(2-169a)南方文献中多见“罂”借为量词，如《宋书·张畅传》：“还京都，高祖封药酒一罂付祎，使

---

① 按熊会贞疏：《宋书》有《王韶之传》云，韶之，字休泰，琅邪临沂人，元嘉十二年出为吴兴太守，吴兴或始兴之误，盖即作记之时，当以作“韶”为是。

② 陈桥驿注释：《寰宇记》百五十九曲江临水源条作“罗列十瓮”。“行罗”是“列罗”之误，“列罗”又“罗列”之倒，当作“罗列”。

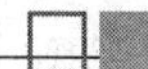

密加鸩毒。”（卷59，页1598）《搜神记》卷一：“后公出近郊，士人从者百数，放乃赍酒一罂，脯一片，手自倾罂，行酒百官，百官莫不醉饱。”梁僧伽婆罗译《阿育王经》卷3：“时阿育王以千金银琉璃罂盛以香水，复持种种饮食及香花等千罂香水浴菩提树。”（50-139b）

因此我们初步断定，量词“瓮”通用于南北朝时期的北方地区。

【握槊】

《魏书·尒朱世隆传》：初，世隆曾与吏部尚书元世俊握槊，忽闻局上欻然有声，一局之子尽皆倒立，世隆甚恶之。（卷75，页1670）

握槊是古代博戏之一，盛行于南北朝时期。就文献而言，《魏书》最早记载了其来源：“赵国李幼序、洛阳丘何奴并工握槊。此盖胡戏，近入中国，云胡王有弟一人遇罪，将杀之，弟从狱中为此戏以上之，意言孤则易死也。世宗以后，大盛于时。”（卷91，页1972）其形制大致如唐刘禹锡《观博》所记：“初，主人执握槊之器……有博齿，齿异乎古之齿，其制用骨，觚棱四均，镂以朱墨，耦而合数，取应期月，视其转止，依以争道。”后世多认为握槊便是双陆，如明方以智《通雅·器用十三》：“握槊、长行局、波罗塞、双陆，要一类也。后魏李邵曰：‘曹植作长行局，胡王作握槊，亦双陆也。’”明谢肇淛《五杂俎》：“双陆一名握槊，本胡戏也……曰握槊者，象形也。曰双陆者，子随骰行，若得双六，则无不胜也。又名‘长行’，又名‘波罗塞戏’。其法以先归宫为胜，亦有任人打子，布满他宫，使之无所归者，谓之‘无梁’，不成则反负矣。其胜负全在骰子，而行止之间，贵善用之。其制有北双陆，广州双陆，南番、东夷之异。事始以为陈思王制，不知何据。”[①]

根据我们对南北朝时期文献的调查，“握槊”多见于记录北朝历史的文献，如《北齐书》和《北史》都记载了和士开善握槊、高湛好握槊的史实[②]。北齐高昂曾作杂诗“冢子地握槊，星宿天围棋”，亦言及握槊。[③] 而“双陆”多见于记录南朝历史的文献。如《梁书·鲍泉传》：“侯景密遣将宋子仙、任约率精骑袭之，方诸与泉不恤军政，唯蒲酒自乐，贼骑至，百姓奔告，方诸与泉方双陆，不信，曰：‘徐文盛大军在东，贼何由得至？’”

因此我们推测“握槊”是通行于北方地区的游戏，“双陆”是通行于南方地区的游戏。

【息耗】

《魏书·王肃传》：肃还京临，世宗临东堂引见劳之，又问：“江左有何息耗？”肃曰：“如闻崔慧景已死。宝卷所仗，非邪即佞。天殆以此资陛下，廓定之期，势将不久。”（卷63，页1411）

“息耗”一词在南北朝时期出现新的意义“消息、音信”。我们通过调查南北朝时期文献，发现这一意义的“息耗”只在北方文献中出现，除上例之外还有：

---

① 根据隋阇那崛多译《佛本行集经》卷13：“博弈摴蒱，围棋双六，握槊投壶，掷绝跳坑，种种诸技，皆悉备现。”(03-711c)“双六”即“双陆”，与“握朔”分言，大概“双陆”“握槊”非一物。

② 参见《北齐书》卷9、卷11、卷50；《北史》卷14、卷31。

③ 参见明蒋一葵《尧山堂外纪》卷二十《六朝北齐、周》。

《魏书·尉元传》:"然彭城、下邳信命未断,而此城之人,元居贼界,心尚恋土。辄相诳惑,希幸非望,南来息耗,壅塞不达,虽至穷迫,仍不肯降。"(卷50,页1111)

这一意义为后世所承继,如:

欧阳修《与大寺丞书》:"前日吴廷平来,得汝书,知安乐。近郭天锡来后,便遣兵士、作子等去,望人到,汝便离颍。至今已八九日,并无息耗,不免忧疑。"

《太平广记》卷147"裴伷先":"伷先因而致门下食客,常数千人。自北庭至东京,累道致客,以取东京息耗。朝廷动静,数日伷先必知之。"(出《纪闻》)

宋李焘《续资治通鉴长编·神宗元丰四年》:"沈括勘会军前两日并无奏报,深虑道路阻隔,有贼马障蔽,卿可火急多选差人,探候行营所至以闻。闻种谔见移寨来宥州讨击,可多方从西路或中路广委人通达息耗,勿令断缺。"

【镇】

"镇"为北魏时期设立的行政单位,"镇"的最高长官称为镇都大将,既掌管军队,又兼理民政。北魏时期所设立的镇见于《魏书》的有:薄骨律镇、长安镇、仇池镇、敦煌镇、枋头镇、枹罕镇、抚冥镇、广阿镇、广昌镇、怀荒镇、怀朔镇、临济镇、灵丘镇、平原镇、柔玄镇、上邽镇、统万镇、吐京镇、沃野镇、武川镇、武平镇、雍城镇、御夷镇等。因此《魏书》中经常出现作为行政单位的"镇",如:

《魏书·城阳王长寿传附子鸾传》:高祖时,拜外都大官,又出为持节、都督河西诸军事、征西大将军、领护西戎校尉、凉州镇都大将。改

镇立州，以鸾为凉州刺史，姑臧镇都大将，余如故。（卷19下，页509）

《魏书·刁雍传》：七年，雍表曰："奉诏高平、安定、统万及臣所守四镇，出车五千乘，运屯谷五十万斛付沃野镇，以供军粮。臣镇去沃野八百里，道多深沙，轻车来往，犹以为难。"（卷38，页868）

《魏书·贾显度传》：贾显度，中山无极人。父道监，沃野镇长史。显度形貌伟壮，有志气。初为别将，防守薄骨律镇。（卷80，页1774）

"镇"的这种意义南朝文献中罕见。

《魏书》还记载了北魏王朝颇具民族特色的官职，虽然官职名称属于专有名词，但由于带有浓重的地域色彩，因此略列数条，以备观瞻。

【幢将】

《魏书·莫题传》：莫题，代人也，多智有才用。初为幢将，领禁兵。（卷28，页683）

幢，是北魏前期的一种军事编制，大致是"千人为军，军置将一人，百人为幢，幢置帅一人"①。"幢将"即其统帅，是北魏前期的禁卫军长官，其主要职责即《官氏志》所言"主三郎卫士直宿禁中者，自侍中已

---

① 见《魏书·蠕蠕传》。又《资治通鉴·晋安帝元兴元年》记载柔然豆代可汗社仑"始立约束，以千人为军，军有将；百人为幢，幢有帅"。胡三省注："军将、幢帅皆魏制，社仑盖效而立之。"

下、中散已上皆统之"[1]。包括内都幢将[2]、内幢将、羽林幢将、虎贲幢将、三郎幢将等，如：

《豆代田传》：改爵井陉侯，加散骑常侍、右卫将军，领内都幢将。(卷30，页727)

《来大千传》：来大千，代人也……迁内幢将，典宿卫禁旅。(卷30，页725)

《高湖附賭儿传》：拔弟賭儿，美容貌，膂力过人，尤善弓马。显祖时，羽林幢将。(卷32，页754)

《宿石传》：父沓干，世祖时虎贲幢将。(卷30，页725)

《楼伏连传》：伏连兄孙安文。从征平凉有功，赐爵霸城男，加虎威将军。后迁三郎幢将。(卷30，页718)

【都统长】

《魏书・官氏志》：是年置都统长，又置幢将及外朝大人官。其都统长领殿内之兵，直王宫……(卷113，页2972)

---

① 《魏书・官氏志》："是年置都统长，又置幢将及外朝大人官。其都统长领殿内之兵，直王宫；幢将员六人，主三郎卫士直宿禁中者，自侍中已下、中散已上皆统之；外朝大人无常员，主受诏命外使，出入禁中，国有大丧大礼皆与参知，随所典焉。"(卷113，页2972)

② 《魏书・官氏志》："(太和)四年，省二部内部幢将。"(卷113，页2976)"内部"之"部"为"都"之讹。

根据张金龙先生的研究，“都统长”北魏初年可能是统领诸统酋、统的禁卫长官。“统酋、统是指率领本部族武士宿卫拓跋君主左右的部族首领”①。根据《魏书》记载的“小统”和“南统将军”“东统将军”，北魏初年的都统长和统的制度很可能承袭了十六国后赵及前秦政权的有关制度或名称。

【凫鸭】【白鹭】

《魏书·官氏志》：初，帝欲法古纯质，每于制定官号，多不依周汉旧名，或取诸身，或取诸物，或以民事，皆拟远古云鸟之义。诸曹走使谓之凫鸭，取飞之迅疾；以伺察者为候官，谓之白鹭，取其延颈远望。自余之官，义皆类此，咸有比况。（卷113，页2973～2974）

唐杜佑《通典》卷十九“历代官制总序”：“初，道武制官，皆拟远古云鸟之义，诸曹走使谓之‘凫鸭’，取飞之迅疾也。以伺察者为候官，谓之‘白鹭’，取其延颈远视。他皆类此。”

《资治通鉴·晋安帝元兴三年》亦记载：“其官名多不用汉、魏之旧，仿上古龙官、鸟官，谓诸曹之使为凫鸭，取其飞之迅疾也；谓候官伺察者为白鹭，取其延颈远望也；余皆类此。”（卷113，页3575）

宋叶廷珪《海录碎事》卷十一上“凫鸭名官”：“后魏道武名官皆拟远古云鸟之义，诸曹走使谓之凫鸭，取其飞之迅速；伺察宫禁谓之白鹭，取其延颈远视。”

① 张金龙《魏晋南北朝禁卫武官制度研究》，中华书局，2004年，页664。

【内侍长】

《魏书·庾业延传》：刘显谋逆，太祖外幸，和辰奉献明太后归太祖，又得其资用。以和辰为内侍长。（卷28，页684）

按《魏书·官氏志》，北魏建国二年设置内侍长，其主要职责是“主顾问，拾遗应对”[①]，与魏晋以来侍中、散骑常侍职能相似。其所统为左右近侍或称内侍左右。据张金龙先生的研究，内侍长及其所统近侍左右虽然以文职为主，但在较长一段时期内仍然具有一定程度的禁卫武官性质[②]。

【骐驎官】

《魏书·官氏志》：永兴元年十一月，置骐驎官四十人，宿直殿省，比常侍、侍郎。（卷113，页2974）

【受恩】【蒙养】【长德】【训士】

《魏书·官氏志》：三年十月，置受恩、蒙养、长德、训士四官。受恩

① 见《魏书·官氏志》（卷113，页2971）。

② 张金龙《魏晋南北朝禁卫武官制度研究》，中华书局，2004年，页687。

职比特进，无常员，有人则置，亲贵器望者为之。蒙养职比光禄大夫，无常员，取勤旧休闲者。长德职比中散大夫，无常员。训士职比谏议大夫，规讽时政，匡刺非违。（卷113，页2973）

"受恩、蒙养、长德、训士"，这样的官职名称在其他文献中未曾出现。

【外朝大人】

《魏书·太祖道武帝纪》：冬十月癸卯，幸濡源，遣外朝大人王建使于慕容垂。十一月，遂幸赤城。十有二月，巡松漠，还幸牛川。（卷2，页22）

外朝大人官设置于登国元年，"主受诏命，外使，出入禁中，国有大丧大礼皆与参知，随所典焉"[①]。根据《魏书》，北魏担任该职务的有贺兰悦、和跋、叔孙建、庾业延、王建、安同[②]等五人。

【武归】【修勤】

《魏书·官氏志》：（天赐）二年二月，复罢尚书三十六曹，别置武归、修勤二职。武归比郎中，修勤比令史，分主省务。（卷113，页2974）

---

① 见《魏书·官氏志》（卷113，页2972）。

② 贺兰悦见《魏书》卷13，和跋、庾业延见卷28，孙叔建见卷29，王建、安同见卷30。

"武归"和"修勤"这样的官职名称在其他文献中未曾出现。

除此之外,《魏书》记载孝文帝太和十七年六月颁布了《职员令》,现存的《官氏志》记录了其中的部分内容,从中我们还可以看到翼驭郎、瞻人郎、方者郎等官职名称[①]。

① 见《魏书·官氏志》(卷113,页2986)。

第三章 同义异词

在《宋书》和《魏书》中我们还发现表达同一概念时双方使用了不同的语词。结合同时期其他文献的考察,可以发现这些不同的语词具有不同的地域特征。

储两、储体、储主——储极、储嗣

表示皇位的继承人,《魏书》和《宋书》用"东宫""太子""储贰""储宫""东储""储副""储君""储后""皇储"等表示,如:

《魏书·李冲传》:东宫既建,拜太子少傅。(卷53,页1181)

又《世宗宣武帝纪》:庶人恂失德,高祖谓彭城王勰曰:"吾固疑此儿有非常志相,今果然矣。"乃立为储贰。(卷8,页215)

又《高阳王雍传》:先帝升遐,储宫纂统,斯乃君父之恒谟,臣子之永则,加赏之义,自古无之。(卷21上,页555)

又《阳尼附固传》:当今之务,宜早正东储,立师傅以保护,立官司以防卫,以系苍生之心。(卷72,页1604)

又《崔浩传》:今长皇子讳焘,年渐一周,明睿温和,众情所系,时登储副,则天下幸甚。(卷35,页813)

又《于栗磾附洛拔传》:恭宗之在东宫,厚加礼遇,洛拔以恭宗虽则储君,不宜逆自结纳,恒畏避屏退,左转领候宫曹事。(卷31,页737)

又《李孝伯传》:于时储后监国,奏请征贤。(卷53,页1173)

又《出帝纪》:顷永安驭运,载育皇储,遂锡泛阶,以申国庆。(卷

11,页 284)

《宋书·礼志》:谓东宫车服,宜降天子二等,骖驾四马,乘象辂,降龙碧旂九叶。(卷 18,页 525)

又《谢灵运传》:太子,国之储贰,故曰楚贰。(卷 67,页 1760)

又《武帝纪下》:加以储宫备礼,皇基弥固,国庆家礼,爰集旬日,岂予一人,犹荷兹庆。(卷 3,页 55)

又《符瑞志下》:于穆不已,显允东储。(卷 29,页 830)

又《蔡廓附兴宗传》:大明末,前废帝即位,兴宗告太宰江夏王义恭,应须策文,义恭曰:"建立储副,本为今日,复安用此。"(卷 57,页 1575)

又《五行志》:晋惠帝元康中,贾谧亲贵,数入二宫,与储君游戏,无降下心。又尝同弈棋争道,成都王颖历色曰:"皇太子,国之储贰。贾谧何敢无礼!"(卷 30,页 883)

又《史臣论》:天子鸾旗警跸,清道而临学馆,储后冕旒黼黻,北面而礼先师……(卷 55,页 1553)

又《竟陵王诞传》:陛下接遇殷勤,累加荣宠,骠骑、扬州,旬月移授,恩秩频加,复赐徐、兖,仰屈皇储,远相饯送。(卷 79,页 2032)

除此之外,《魏书》尚有"储两""储体""储主",如:

《肃宗孝明帝纪》:自潘充华有孕椒宫,冀诞储两,而熊罴无兆,维虺遂彰。(卷 9,页 248)

《崔光传》:陛下春秋已长,未有储体,皇子褓襁,至有夭失。(卷 67,页 1491)

《高车传》:穷奇号"候倍",犹魏言储主也。(卷 103,页 2310)

这些用语在北方文献或记录北方史实的文献中出现，尤其是“储两”，不见于南方文献。如：

《全后魏文》卷53 尒朱荣《抗表请赴阙》：复皇后女生，称为储两，疑惑朝野，虚行庆宥……

《北史·魏季景附澹传》：至如马迁，周之太子，并皆言名，汉之储两，俱没其讳，以尊汉卑周，臣子之意也。

《北史·史臣论》：天方肇乱，遂升储两。

《宋书》有“储极”“储嗣”，在同时期的北方文献中不见。如：

《王景文传》：且傅职清峻，亢礼储极，以臣凡走，岂可暂安。（卷85，页2181）

《彭城王义康传》：是故周昌极谏，冯唐面折，孝惠所以克固储嗣，魏尚所以复任云中。（卷68，页1793）

攻、击、冲——奔、薄

表示“攻击、冲击”敌人，《魏书》多采用“攻”“击”“冲”“奔击”诸形式，《宋书》除采用相同形式外，还使用“奔”“薄”。如：

《魏书·安同附颉传》：世祖西征赫连定，以颉为冠军将军，督诸军击彦之。彦之遣将姚纵夫渡河攻冶坂，颉督诸军击之，斩首三千余级，投水者甚众。（卷30，页716）

又《太祖道武帝纪》：帝设奇陈，列烽营外，纵骑冲之……（卷2，页

29）

又《孙穆传》：贼骑觇见，谓为信弱，俄而竞至。穆伏兵奔击，大破之，斩其帅郁厥乌尔、俟斤十代等，获生口杂畜甚众。（卷44，页1004）

《宋书·武帝纪》：季高焚贼舟舰，悉力而上，四面攻之，即日屠其城。（卷1，页22）

又《王华传》：恭遣刘牢之击廞，廞败走，不知所在。（卷63，页1675）

又《王镇恶传》：初出，政值镇恶军，冲之不得去；回冲蒯恩军，军人斗已一日，疲倦，毅得从大城东门出，奔牛牧佛寺，自缢死。（卷45，页1368）

又《武帝纪》：高祖率所领奔击，大破之，投巘赴水死者甚众。（卷1，页3）

又《柳元景传》：元景察贼衰竭，乃命开垒，鼓噪以奔之，贼众大溃，透淮死者甚多。（卷77，页1988）

又《薛安都传》：四月丙戌，及爽于小岘，爽自与腹心壮骑断后。谭金先薄之，不能入，安都望见爽，便跃马大呼，直往刺之，应手而倒，左右范双斩爽首。（卷88，页2217）

根据我们对南北朝时期文献的调查，具有“攻击”义的“奔”“薄”多在南方文献或记录南方史实的文献中出现。如：

《梁书·武帝上》：王茂、曹景宗等掎角奔之，将士皆殊死战，无不一当百，鼓噪震天地。

《陈书·樊毅传》：军次巴陵，营顿未立，纳潜军夜至，薄营大噪，营中将士皆惊扰。

又《陈宝应传》：俄而水盛，乘流放之，突其水栅，仍水步薄之。宝应众溃，身奔山草间。

《南史·沈田子传》：及其未整，薄之必克，所谓先人有夺人之志也。

此——此、许

表示"这""这个"，《宋书》《魏书》都用"此"，如：

《魏书·岛夷萧衍传》：持此量之，理有可见，则侯景游辞，莫非虚诞。（卷98，页2183）

《宋书·胡藩传》：义旗起，玄战败将出奔，藩于南掖门捉玄马控，曰："今羽林射手犹有八百，皆是义故西人，一旦舍此，欲归可复得乎？"（卷50，页1443）

另外，《宋书》还使用"许"，如：

《始安王休仁传》：休仁又说休佑云："汝但作佞，此法自足安。我常秉许为家，从来颇得此力。但试用，看有验不？"（卷72，页1876）

"许"例汪维辉先生在《六世纪汉语词汇的南北差异》中已举出[①]。汪先生的文章中还引用了《乐府诗集·清商曲辞一·子夜歌三十》以及《玉台新咏·桃叶·答王团扇歌》的用例，认为这些用例出自口语化程度很高的诏书和民歌，可以证明"许"是当时南方的一个口语词。

① 汪维辉《六世纪汉语词汇的南北差异》，《中国语文》，2007年第2期。

登即——当即

表示“立刻”“立即”，《魏书》和《宋书》用“登”“即”“便”“便即”“登时”“当即”表示，如：

《魏书·李崇传》：诏引丞相、令、仆、尚书、侍中、黄门于显阳殿，诏曰：“朕比以镇人构逆，登遣都督临淮王克时除翦。”（卷66，页1473）

又《京兆王黎附江阳王继传》：请遣使镇别推检，斩愆首一人，自余加以慰喻，若悔悟从役者，即令赴军。（卷18，页401）

又《夏侯道迁传》：臣以愚陋，猥当推举，事定之后，便即束身驰归天阙。（卷71，页1581）

又《源贺传》：于是遣使者诏贺曰：“卿以忠诚款至，著自先朝，以丹青之洁而受苍蝇之污。朕登时研检，已加极法，故遣宣意。”（卷41，页921）

又《李崇传》：乃轻将数十骑驰到上洛，宣诏绥慰，当即帖然。（卷66，页1465）

《宋书·武帝纪》：初，循之走也，公知其必寇江陵，登遣淮陵内史索邈领马军步道援荆州，又遣建威将军孙季高率众三千，自海道袭番禺。（卷1，页21）

又《武帝纪》：高祖躬执长刀，大呼以冲之，众皆披靡，即斩甫之。（卷1，页8）

又《袁粲传》：国主不任其苦，于是到泉所酌水饮之，饮毕便狂。（卷89，页2231）

又《刘劭传》：自蒙荣爵，便即逃遁，殊类奸猾，岂易暗期。（卷86，

页 2195)

又《徐湛之传》:及讨司马休之,使统军为前锋,配以精兵利器,事克,当即授荆州。(卷 71,页 1843)

除此外,《魏书》还用“登即”,如:

《介朱荣传》:于是群情喜悦,登即四散,数十万众一朝散尽。(卷 74,页 1649)

“登即”指“立刻”“立即”,是中古时期新产生的语词。前人多有考释,兹不赘述。[①] 就我们调查所见,“登即”北朝文献多用,如《魏书》共 2 见,又见于《全北齐文》卷七祖珽《上呈修文殿御览表》:“前者修文殿令臣等讨寻旧典,撰录斯书,谨罄庸短,登即编次,放天地之数为五十部,象乾坤之策成三百六十卷。”也见于后代文献,如《太平广记》卷五五“蔡少霞”:“急命纸笔,登即纪录。”(出《出异记》)而南朝文献中罕用。我们仅在梁宝亮等集《大般涅槃经集解》卷五十三中寻得 1 例:“即既无缘因善,云何得遮耶? 登即引譬,明凡夫愚痴,无有智慧”。(37-539c)另外,《梁书》中有 1 例,《王僧辩传》:“会岳阳王军袭江陵,人情搔扰,未知其备,世祖遣左右往狱,问计于僧辩,僧辩具陈方略,登即赦为城内都督。俄而岳阳奔退,而鲍泉力不能克长沙,世祖乃命僧辩代之”。[②]

① 参见李详《媿生丛录》,徐复《从语言上推测〈孔雀东南飞〉一诗的写定年代》,蔡镜浩、董志翘《中古虚词语法例释》等。

② 《梁书》成书于唐代,严格意义上讲不能算作南北朝文献。录此备考。

剩、余——余

表示“剩余”,《魏书》《宋书》均用“余”(馀),如:

《魏书·京兆王子推传附子太兴传》:及斋后,僧皆四散,有一沙门方云乞斋余食。(卷19上,页443)

《宋书·彭城王义康传》:即封所饮酒赐义康,并书曰:“会稽姊饮宴忆弟,所余酒今封送。”(卷68,页1795)

另外,《魏书》还用“剩”表示“剩余”,如:

《张普惠传》:绢布,匹有尺丈之盈,一犹不计其广;丝绵,斤兼百铢之剩,未闻依律罪州郡。(卷78,页1736)

其他北朝文献和记录北朝史实的文献中多见,参见第二章“剩”条。

“剩”在南朝文献中少见。[①] 南朝文献多用“余”,除《宋书》例外,另如《世说新语·德行》“王曰:‘胡威之清,何以过此!’即启用为吴兴郡。”刘孝标注引《晋阳秋》曰:“质曰:‘是吾奉禄之余,故以为汝粮耳。’”

全、都——差

表示“全、皆”义,《魏书》和《宋书》单音节形式采用了“皆”“悉”

① 参见第二章“剩”条。

"咸""尽""并""初""都""顿""苦""了""略""全"等。根据对南北朝文献的初步统计，在对"全"和"都"的选用上，"都"作为新兴总括副词，在南北朝时期已经占有了绝对优势。相较而言，北方地区"全"的使用还较为频繁，使用频率高达42.8%，详见表3.1。因此，在对"全"和"都"的选用上，南北朝时期南朝文献倾向于"都"，北朝文献倾向于"全"[①]这样的结论是大致可信的。

表3.1 "全""都"在南北朝文献中的使用（单位：例）

北朝文献	全	都	北朝文献	全	都
魏书	24	17	宋书	26	40
北朝文	46	26	南朝文	37	61
水经注	8	5	世说新语	1	37
洛阳伽蓝记	0	2	高僧传	6	15
齐民要术	22	3	周氏冥通记	2	13
贤愚经(13卷)	0	30	菩萨善戒经(9卷)	0	5
杂宝藏经(10卷)	0	40	百喻经(4卷)	0	31
金色王经(1卷)	0	0	阿育王经(10卷)	0	0
合计	92	123	合计	72	202
百分比(%)	42.8	57.2	百分比(%)	26.3	73.7

除以上形式外，《宋书》中还采用了"差"，如：

《谢灵运传》：河北悉是旧户，差无杂人，连岭判阻，三关作隘。（卷

① 毛丽娜《〈世说新语〉与〈齐民要术〉副词比较研究》，南京师范大学硕士学位论文，2007年。

67,页 1774)

根据我们对南北朝文献的调查,“差”作为总括副词在《魏书》中只有 2 例[1],并且其他北方文献罕见,多出现在南方文献中[2]。

渡、济——过

表示“渡水”,《魏书》《宋书》都采用了“渡”“济”表示,有“渡河”“渡江”“渡淮”“济河”“济江”“济淮”等结构,如:

《魏书·敬宗孝庄帝纪》:夏四月丙申,帝与兄弟夜北渡河;丁酉,会荣于河阳。(卷 10,页 255)

又《岛夷萧衍传》:初,景之将渡江也,衍沿道军戍,皆有启列,而中领军朱异恐忤衍意,且谓景不能渡,遂不为闻。(卷 98,页 2185)

又《高祖孝文帝纪》:辛丑,诏复军士从驾渡淮者,租赋三年。(卷 7 下,页 177)

又《肃宗孝明帝纪》:丁丑,雍州城人侯终德相率攻宝夤,宝夤携南阳公主及子与百余骑渡渭而走,雍州平。(卷 9,页 248)

又《太祖道武帝纪》:六月,大破之,获其四部杂畜十余万,渡弱落水,班赏将士,各有差。(卷 2,页 22)

又《肃宗孝明帝纪》:夏四月戊戌,尒朱荣济河。(卷 10,页 249)

又《司马楚之传》:楚之乃亡匿诸沙门中济江。(卷 37,页 855)

---

① 《尒朱彦伯传》:“彦伯于兄弟之中,差无过患。”(卷 75,页 1665)《尒朱天光传》:”天光有定关西之功,差不酷暴,比之兆与仲远为不同矣。”(卷 75,页 1677)

② 参见第一章“差”条。

又《岛夷刘裕附义隆传》：六军于上流济淮，质遣司马胡崇之等率所领于山上立营，建威将军毛熙祚据城前大浦。（卷97，页2139）

《宋书·索虏传》：玄谟攻滑台不克，焘自率大众渡河，玄谟败走。（卷95，页2350）

又：焘自彭城南出，十二月，于盱眙渡淮，破胡崇之等军。（卷95，页2351）

又：若前驱乘胜，张永及河南众军，便宜一时济河，使声实兼举。（卷95，页2353）

又《武帝纪中》：时公军泊马头，即日率众军济江，躬督诸将登岸，莫不奋踊争先。（卷2，页34）

除此以外，《宋书》多采用“过”来表示，如：

《武帝纪》：命参军褚叔度、朱龄石率劲勇千余人过淮。（卷1，页20）

《晋熙王昶传》：帝因此北讨，亲率众过江。（卷72，页1869）

《索虏传》：嗣又于邺遣万余人从白沙口过河，于濮阳城南寒泉筑垒。（卷95，页2326）

通过对《魏书》《宋书》穷尽性地调查，《宋书》用“过”表示“渡水”的频率远远高于《魏书》，详见表3.2。结合我们对南北朝文献的调查，发现“过”表示渡水在北方文献中的出现率仅有2%，而在南朝文献中的出现频率高达35.3%。这提示我们，在表达“渡水”义时，北方文献更多选用“渡”“济”，较少使用“过”，而南方文献较多使用“渡”“过”。

表 3.2　“渡”“济”“过”在南北朝文献中的使用(单位:例)

北朝文献	渡	济	过	北朝文献	渡	济	过
魏书	162	91	4	宋书	68	30	39
北朝文	43	10	1	南朝文	23	24	13
水经注	52	12	3	世说新语	8	1	27
洛阳伽蓝记	6	1	0	高僧传	9	1	14
齐民要术	3	0	0	周氏冥通记	0	1	0
贤愚经(13卷)	3	0	1	菩萨善戒经(9卷)	0	0	0
杂宝藏经(10卷)	11	0	0	百喻经(4卷)	4	0	0
金色王经(1卷)	0	0	0	阿育王经(10卷)	3	0	1
合计	280	114	8	合计	115	57	94
百分比(%)	70	28	2	百分比(%)	43.2	21.4	35.3

答、对——辞

在表示“回答”时,《魏书》和《宋书》多用“对”“答”,如:

《魏书·李平传》:谐问胥曰:“主客在郎官几时?”胥答曰:“我本训胄虎门,适复今任。”谐言:“国子博士不应左转为郎。”胥答曰:“特为接应远宾,故权兼耳。”(卷65,页1460)

又《阳尼附固传》:他日又谓固曰:“吾作太府卿,库藏充实,卿以为何如?”固对曰:“公收百官之禄四分之一,州郡赃赎悉入京藏,以此充府,未足为多。且有聚敛之臣,宁有盗臣,岂不戒哉!”(卷72,页1604)

《宋书·礼志三》:又遣禅至会稽访处士虞喜。喜答曰:“汉世韦玄成等以毁主瘗于园。魏朝议者云应埋两阶之间。且神主本在太庙,若

今别室而祭，则不如永藏。……”(卷16，页451)

又《谢晦传》：晦仍问诸佐：“战士三千，足守城不？”南蛮司马周超对曰：“非徒守城而已，若有外寇，可以立勋。”(卷44，页1349)

结合其他文献的调查(参见表3.3)，我们可以发现，南北朝时期，“答”用为“回答”义已经成为常态。相较而言，北方文献中更多保留了“对”的使用。

表3.3 “对”“辞”“答”在南北朝文献中的使用(单位：例)

北朝文献	对	辞	答	北朝文献	对	辞	答
魏书	271	1[①]	112	宋书	63	12	173
北朝文	84	0	205	南朝文	55	2	971
水经注	11	0	11	世说新语	36	2	165
洛阳伽蓝记	4	0	8	高僧传	10	1	105
齐民要术	3	0	4	周氏冥通记	2	0	62
贤愚经(13卷)	15	0	315	菩萨善戒经(9卷)	0	0	1
杂宝藏经(10卷)	4	0	236	百喻经(4卷)	6	0	60
金色王经(1卷)	0	0	3	阿育王经(10卷)	0	0	209
合计	392	1	894	合计	172	17	1746
百分比(%)	30.46	0.08	69.46	百分比(%)	8.89	0.88	90.23

另外，《宋书》还采用“辞”来表示“回答”[②]，据统计，有12例，略举如下：

---

① 《魏书》卷71：“刘彧欲加原宥，灵越辞对如一，终不回改，乃杀之。”《魏书》对灵越的记载明显受到《宋书》的影响，因此，《魏书》此例不能严格算北方文献用例。

② 多含有申辩意味。

《律历志上》：问协律中郎将列和，辞：“昔魏明帝时，令和承受笛声，……”（卷8，页212）

《何承天传》：谨寻事原心，嘉母辞自求质钱，为子还责。（卷64，页1703）

《吴喜传》：既被诘问，辞白百端，云：“此辈既见原宥，击贼有功，那得不依例加赏。”（卷83，页2118）

《薛安都传》：太宗欲加原宥，灵越辞对如一，终不回改，乃杀之。（卷88，页2220）

《孝义传·孙棘》：未及结竟，棘诣郡辞：“不忍令当一门之苦，乞以身代萨。”萨又辞列：“门户不建，罪应至此，狂愚犯法，实是萨身。自应依法受戮。兄弟少孤，萨三岁失父，一生恃赖，唯在长兄，兄虽可垂悯，有何心处世。”（卷91，页2256）

根据我们对南北朝文献的调查，“辞”用为“回答”多在南朝文献中出现，除《宋书》例之外，《世说新语》《高僧传》《南朝文》《南齐书》等文献中也有用例，如：

《世说新语·贤媛》：汉成帝幸赵飞燕，飞燕谗班婕妤祝诅，于是考问。辞曰：“妾闻死生有命，富贵在天。修善尚不蒙福，为邪欲以何望？若鬼神有知，不受邪佞之诉；若其无知，诉之何益？故不为也。”

《高僧传》卷六：玄后以震主之威苦相延致，乃贻书骋说劝令登仕。远答辞坚正确乎不拔，志逾丹石终莫能回。

《全梁文》卷八萧纲《筝赋》：值使君而有辞，逢秋胡而不对。

《南齐书·王融传》：郁林深忿疾融，即位十余日，收下廷尉狱，然后使中丞孔稚珪倚为奏曰：“融姿性刚险，立身浮竞，动迹惊群，抗言异类。近塞外微尘，苦求将领，遂招纳不逞，扇诱荒伧。狡算声势，专行

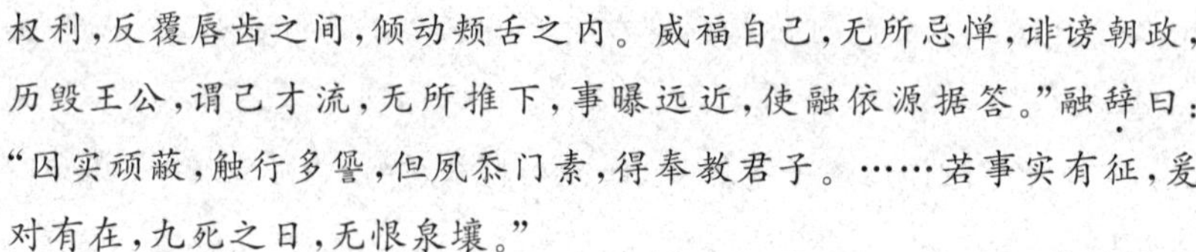
权利，反覆唇齿之间，倾动颊舌之内。威福自己，无所忌惮，诽谤朝政，历毁王公，谓己才流，无所推下，事曝远近，使融依源据答。”融辞曰：“囚实顽蔽，触行多謇，但夙忝门素，得奉教君子。……若事实有征，爰对有在，九死之日，无恨泉壤。”

蠕蠕——芮芮

称北方少数民族柔然，《魏书》称“蠕蠕”，《宋书》称“芮芮”。如：

《魏书·世祖太武帝纪》：“八月，东幸广宁，临观温泉。以太牢祭黄帝、尧、舜庙。蠕蠕大檀遣子将万余骑入塞。事具《蠕蠕传》。”（卷4上，页74）

《宋书·索虏传附芮芮》：“自索虏破慕容，据有中国，而芮芮虏有其故地，盖汉世匈奴之北庭也。芮芮一号大檀，又号檀檀，亦匈奴别种。”（卷98，页2357）

《魏书·蠕蠕传》记载蠕蠕本东胡之苗裔，姓郁久闾氏，其祖为木骨闾。木骨闾之子车鹿会雄健始有部众，自号柔然。北魏太武帝拓跋焘“以其无知，状类于虫，故改其号为蠕蠕”。《资治通鉴·宋文帝元嘉二十七年》：“芮芮亦遣间使远输诚款，誓为掎角。”胡三省注：“芮芮，即蠕蠕，南人语转耳。”调查南北朝文献，南方文献多称柔然为“芮芮”，如《南齐书》有《芮芮虏传》。

平晓、向晨——平明

表示“黎明”“清晨”，《魏书》和《宋书》都用“诘旦”表示，如：

《魏书·斛斯椿传》：遂陈兵城西，北接邙山，南至洛水，帝诘旦戎服与椿临阅焉。（卷80，页1774）

《宋书·柳元景传》：自诘旦而战，至于日昃，虏众大溃，斩张是连提，又斩三千余级，投河赴堑死者甚众，面缚军门者二千余人。（卷77，页1985）

除此外，《魏书》还用“平晓”“向晨”，《宋书》还用“平明”“向晓”“朝来”。如：

《魏书·李顺附式传》：既而使人平晓卒至，津吏欲先告式，使者绐云：“我须南过。不停此州，不烦令刺史知也。”（卷36，页834）

又《僭晋司马叡传附昱子昌明》：徐州小吏卢悚与其妖众男女二百，向晨攻广莫门，诈言海西公还，由万春、云龙门入殿，略取三厢及武库甲仗。（卷96，页2103）

《宋书·符瑞志上》：父去里所复来，曰：“孺子可教也。后五日平明，与我会此。”（卷27，页767）

又《符瑞志中》：文帝元嘉十三年九月己酉，会稽郡西南向晓，忽大光明，有青龙腾跃凌云，久而后灭。（卷28，页800）

又《申恬传》：贼朝来胁城，日晚辄退。（卷65，页1724）

根据我们对南北朝文献的调查，“向晓”“朝来”通行于南北朝时期南北地区：

《齐民要术》卷七“笨曲并酒”：于黍饭初熟时浸曲，向晓昧旦日未出时，下酿，以手搦破块，仰置勿盖。

元魏慧觉译《贤愚经》卷三《微妙比丘尼品》：天转向晓，我自力起，往牵夫手，知被蛇毒，身体肿烂，支节解散。我时见此，即便闷绝。(04-367a)

梁慧皎撰《高僧传》卷六"释法安"：安径之树下通夜坐禅。向晓闻虎负人而至投之树北。见安如喜如惊跳伏安前。安为说法授戒。虎踞地不动。有顷而去。

元魏吉迦夜共昙曜译《杂宝藏经》卷二《须达长者妇供养佛获报缘》：妇语夫言：朝来诸圣，尽来索食，所有之食，尽用施之。(04-459a)

《世说新语·简傲》：初不答，直高视，以手版拄颊云："西山朝来，致有爽气。"

而"平晓""向晨"多在北方文献中出现，如：

姚秦鸠摩罗什译《灯指因缘经》卷一：如是语顷，天已平晓。(16-809a)

姚秦竺佛念译《出曜经》卷一十五《利养品下》：六时行道不与常同，意欲经行，清旦至暮，暮达平晓，日出则食，不违典律。(04-690b)

《全后魏文》卷五十九释僧懿《破魔露布文》：即以月七日向晨，出方便门，顿解脱处，驰信邮以深入，征群迷以出海，纂集三昧，以致一堑，冀荡五阴，戒清诸有。

《齐民要术》卷二"大小麦"：夜半渍，向晨速投之。

"平明"多在南朝文献中出现，如：

《全宋文》卷十二《诈为文帝诏》：鲁秀谋反，汝可平明守关，率

众入。

梁宝唱撰《比丘尼传》卷二《吴县南寺法胜尼传》：至于后夜气息稍微，命令止经为我称佛，亦自称佛，将欲平明，容貌不改，奄忽而终焉。

休、假等——急

表示休假之名，《魏书》《宋书》均用“休”（休告）、“假”（假日、番假）等表示，如：

《魏书·良吏传·宋世景》：尝有一吏，休满还郡，食人鸡豚。（卷88，页1902）

又《李平传附子谐传》：竟不留于三月，因病满而休告。（卷65，页1457）

又《僭晋司马叡传附昌明子德宗传》：国宝求假奔彼，遂不即路，虑台纠察，惧于黜免，乃毁冠改服，变为妇人，与婢同载，入请相王。（卷96，页2104）

又《成淹传》：时迁都，高祖以淹家无行资，敕给事力，送至洛阳，并赐假日与家累相随。（卷79，页1754）

又《高祖孝文帝纪下》：司州之民，十二夫调一吏，为四年更卒，岁开番假，以供公私力役。（卷7下，页180）

《宋书·王韶之传》：会稽虽涂盈千里，未足为难，百日归休，于事自足。（卷60，页1626）

又《何尚之传》：规追休告，雪涤素怀，冀寻幽之欢，毕栖玄之适……（卷66，页1736）

又《王敬弘传》：恢之尝请假还东定省，敬弘克日见之，至日辄不果，假日将尽，恢之乞求奉辞，敬弘呼前，既至阁，复不见。恢之于阁外拜辞，流涕而去。（卷66，页1732）

又《王弘传》：其中亦应畴量，分判番假，及给廪多少，自可一以委之本曹。（卷42，页1311）

另外，《魏书》还承用前代“休沐”表示休假。如：

《恩幸传·郑俨》：俨每休沐，太后常遣阉童随侍，俨见其妻，唯得言家事而已。（卷93，页2007）

《宋书》还用“急”表休假，如：

《庾登之传附弟炳之传》：炳之请急还家，吏部令史钱泰、主客令史周伯齐出炳之宅谘事。（卷53，页1518）

根据我们对南北朝时期文献的调查，“急”的这种用法在南方文献中出现[①]。

① 参看本书第一章“急”条。

第四章　常用词发展的南北差异

常用词属于词汇系统中的基本词汇，具有一定的稳固性。《宋书》和《魏书》在对常用词的选用上常常表现出不平衡性，结合南北朝时期的其他文献考察这些现象，发现这恰恰是这一时期词汇南北地域差异的表现。

曹——等

古汉语中，"曹""辈""等"放在代词后表示复数[①]。"曹"见于先秦，"辈""等"见于汉代。[②]三国时期，"等"的使用大大加强。我们对《三国志》作了初步的调查，其中"曹"19 例，包括"我曹辈"1 例，"汝曹"7 例（其中 1 例"汝曹等"），"若曹"4 例，"儿曹"2 例，"卿曹"5 例。"辈"9 例，其中"我曹辈"1 例，"我等辈"1 例，"汝辈"2 例，"卿辈"2 例，"尔辈"1 例，"儿辈"4 例。"等"37 例，其中"吾等"13 例，"我等"1 例，"我等辈"1 例，"汝等"11 例，"若等"1 例，"尔等"1 例，"卿等"9 例。到了南北朝时期，"曹"的使用更加处于弱势，"等"占有了绝对优势。我们穷尽性地调查了《魏书》和《宋书》，发现：

---

① 除"曹""辈""等"外，还有"侪""属"等。吕叔湘先生考辩"侪"和"曹"都不和名词结合，"属"和名词之间必须加一"之"字，且这三字的用法都比"辈"狭窄。"辈"和"等"是汉以后文献中的常用词。"等"可用于代词和指人的名词之后，也可以附加在指物的名词之后。但"辈"只用来指人。吕叔湘《近代汉语指代词》，学林出版社，1985 年，页 60～61。

② 景盛轩、吴波《南、北本〈大般涅槃经〉》，《汉语史研究集刊》（第十一辑），巴蜀书社，2008 年，页 280。

《魏书》“曹”13例，其中“汝曹”10例，“吾曹”1例，“卿曹”2例，如：

《张衮传》：既而太祖问衮：“卿曹外人知我前问三日粮意乎？”对曰：“皆莫知也。”（卷24，页612）

《崔浩传》：李顺等复曰：“耳闻不如目见，吾曹目见，何可共辨！”浩曰：“汝曹受人金钱，欲为之辞，谓我目不见便可欺也！”（卷35，页822）

《魏书》“辈”6例，其中“卿辈”3例，“汝辈”2例，“尔辈”1例，如：

《崔亮附光伯传》：又一日，高祖曰：“朕已得之，不烦卿辈也。”（卷66，页1476）

《张普惠传》：人生有死，死得其所，失复何恨！然朝廷有道，汝辈勿忧。（卷78，页1735）

《临渭氐苻健附登传》：大言责冲曰：“尔辈群奴，正可牧牛羊，何为送死！”（卷95，页2078）

《魏书》“等”119例，其中“吾等”8例，“汝等”30例，“卿等”81例，如：

《文帝纪》：时国俗无弹，众咸大惊，乃相谓曰：“太子风彩被服，同于南夏，兼奇术绝世，若继国统，变易旧俗，吾等必不得志，不若在国诸子，习本淳朴。”（卷1，页4）

《咸阳王禧传》：高祖以诸弟典三都，诫禧等曰：“汝等国之至亲，皆幼年任重，三都折狱，特宜用心……”（卷21上，页533）

《咸阳王禧传》：高祖曰：“若朕言非，卿等当须庭论。如何入则顺

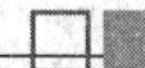

旨,退有不从? 昔舜语禹,汝无面从,退有后言,其卿等之谓乎!”(卷21上,页536)

《宋书》“曹”4例,其中“吾曹”1例、“汝曹”2例、“卿曹”1例,如:

《江夏文献王义恭传》:隆替安危,在吾曹耳,岂可不感寻王业,大惧负荷。(卷61,页1641)

《隐逸传·雷次宗》:……故遂与汝曹归耕垄畔,山居谷饮,人理久绝。(卷93,页2293)

《孝义传·龚颖》:而名未登于王府,爵犹齿于卿曹,斯实边氓远土,所为丁邑。(卷91,页2242)

《宋书》“辈”7例,其中“我辈”1例,“汝辈”6例,如:

《武帝纪》:今方是玄矫情任算之日,必将用我辈也。(卷1,页4)

《孔琛传》:因命上置岸侧,既而正色谓道存等曰:“汝辈忝预士流,何至还东作贾客邪!”(卷84,页2155)

《宋书》“等”38例,其中“吾等”11例、“汝等”9例、“卿等”15例、“我等”3例,如:

《武帝纪》:吾等既为同舟,理无偏异。吾徒咸皆富贵,则檀不应独殊。(卷1,页8)

《刘粹附道济传》:道济从之,即唤右右三十余人告之曰:“吾疾久,汝等扶侍疲劳。今既小损,各听归家休息,唤复还。”(卷45,页1383)

《宗越传》:上亦不欲使其居中,从容谓之曰:“卿等遭罹暴朝,勤劳

日久,苦乐宜更,应得自养之地。兵马大郡,随卿等所择。”(卷 83,页 2511)

《刘粹传附道济》:就道济索费谦、张熙,曰:“但送此人来,我等自不复作贼。”(卷 45,页 1382)

结合南北朝时期的其他文献调查(参见表 4.1),我们发现南北朝时期“等”在南北双方都普遍使用。在南方口语性较强的文献中,“曹”几乎不再使用。相较而言,在北方地区的口语文献中,“曹”的使用还较多。因此有的学者推测这一时期“曹”可能是北方方言词,“等”为通语。[①]另外,南朝文献对“辈”的使用要多于北方文献。[②]

表 4.1　“曹”“辈”“等”在南北朝文献中的使用(单位:例)

北朝文献	曹	辈	等	南朝文献	曹	辈	等
魏书	13	7	119	宋书	4	7	38
北朝文	3	4	63	南朝文	5	9	56
水经注	2	0	2	世说新语	1	18	5
洛阳伽蓝记	0	0	5	高僧传	0	1	18
齐民要术	0	0	3	周氏冥通记	0	1	8
贤愚经(13 卷)	35	4	135	菩萨善戒经(9 卷)	0	0	5
杂宝藏经(10 卷)	0	2	62	百喻经(4 卷)	0	0	8
金色王经(1 卷)	0	0	11	阿育王经(10 卷)	0	0	39
合计	53	17	400	合计	10	36	177

① 景盛轩、吴波《南、北本〈大般涅槃经〉》,《汉语史研究集刊》(第十一辑),巴蜀书社,2008 年,页 280。

② 萧红的研究也表明了这一点。参见《六世纪汉语第一人称、第二人称代词的南北差异》(《长江学术》,2010 年第 4 期)。

侧——边

表"在某物旁边"的方位词"侧"和"边"存在着历史替换关系，根据汪维辉先生的研究[①]，先秦以"侧"为主，也有用"旁(傍)"；"边"在西汉时露头，东汉开始以迅猛之势扩展，到魏晋南北朝已在文学语言中占据压倒优势。

我们对《魏书》和《宋书》进行了穷尽性的调查，"边"作为方位词在《魏书》中共有 2 例：

《尒朱兆传》：先是，河边人梦神谓己曰："尒朱家欲渡河，用尔作灅波津令，为之缩水脉。"(卷 75，页 1662)

《岛夷刘裕传附彧》：改騧马字为马边瓜，以"騧"似"祸"字故也。(卷 97，页 2150)

《宋书》中共 17 例，除"马边""河边"外，尚有"湖边""谷边""岸边""官牧边""道边""沟边""函边""城边""宅边"等，如：

《符瑞志上》：吴之未亡也，吴郡临平湖一旦自开，湖边得石函，中有小青石，刻作皇帝字。(卷 27，页 782)

《符瑞志上》：岩隐不见，唯应见谷，殖禾谷边，则圣讳炳明也。(卷 27，页 786)

《符瑞志下》：永和元年三月，庐江太守路永上言，于春谷城北见水岸边有紫赤光，取得金状如印，遣主簿李迈表送。(卷 29，页 852)

---

① 汪维辉《东汉—隋常用词演变研究》，南京大学出版社，2000 年，页 93。

《五行志二》:魏齐王嘉平初,东郡有讹言云:"白马河出妖马,夜过官牧边鸣呼,众马皆应。明日见其迹,大如斛,行数里,还入河。"(卷31,页899)

《后妃传·明帝陈贵妃》:上出行,问尉曰:"御道边那得此草屋,当由家贫。"(卷41,页1296)

《孟怀玉附龙符传》:索虏斛兰、索度真侵边,彭、沛骚扰,高祖遣龙符、建威将军道怜北讨,一战破之,追斛兰至光水沟边,被创奔走。(卷47,页1408)

《朱龄石传》:而虑此声先驰,贼审虚实,别有函书,全封付龄石,署函边曰:"至白帝乃开。"(卷48,页1423)

《巴陵哀王休若传》:休若既是汝弟,使其狼心得申者,汝得守冶城边作太尉公邪?(卷72,页1885)

《隐逸传·陶潜》:先生不知何许人,不详姓字,宅边有五柳树,因以为号焉。(卷93,页2286)

"侧"在《魏书》和《宋书》中的出现分别是41和43例。仅就史书而言,"边"的使用并没有占到优势。

我们又调查了其他南北朝时期北方文献和南朝文献,发现在这一时期的北方中土文献中,"边"的使用频率远远低于"侧",但是口语性程度高的文献如《齐民要术》和汉译佛经中"边"的使用频率却远远高于"侧",这表明南北朝时期北方地区的口语中"边"已然占有了绝对优势,但"侧"的影响还继续存在。在南朝文献中"边""侧"二者的使用频率大致相当,但是在口语性程度较高的中土文献如《世说新语》《周氏冥通记》和汉译佛经中,"边"占有压倒优势。汪维辉先生的论断"在梁

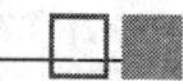

代的南朝通语中‘边’已经完全取代了‘侧’和‘旁’”[①]是确然可信的。但在北方通语中，“边”还未完全取代“侧”。

表 4.2　“侧”“边”在南北朝文献中的使用(单位:例)

北朝文献	侧	边	南朝文献	侧	边
魏书	41	2	宋书	43	17
北朝文	20	5	南朝文	56	45
水经注	228	24	世说新语	10	13
洛阳伽蓝记	5	2	高僧传	26	17
齐民要术	1	31	周氏冥通记	2	10
贤愚经(13 卷)	7	77[②]	菩萨善戒经(9 卷)	0	6
杂宝藏经(10 卷)	2	54	百喻经(4 卷)	0	8
金色王经(1 卷)	0	0	阿育王经(10 卷)	0	25
合计	304	195	合计	137	141
百分比(%)	60.9	39.1	百分比(%)	49.3	50.7

① 汪维辉《周氏冥通记词汇研究》,《中古近代汉语研究》(第一辑),上海教育出版社,2000 年。又收入《汉语词汇史新探》,上海人民出版社,2008 年。

② 史光辉先生统计《贤愚经》中“侧”与“边”的比例是 11∶86,与我们的统计数字略有差异。参见史光辉《从语言角度看〈大方便佛报恩经〉的翻译时代》,《古汉语研究》,2009 年第 3 期。

冠——帽

古代头衣包括“冠”“帽”“帼”“巾”“盔”“笠”等，其中“冠”“帽”是主要者。黄金贵先生认为尽管帽的产生远在冠之前，但中原汉人戴帽，在晋南北朝才广泛流行。[①]

我们穷尽性调查了《魏书》和《宋书》，发现《魏书》中“帽”共 10 例，有“垂裙皂帽”“白纱高顶帽”“锦帽”“黄纶帽”“金带靴帽”，其余尚有：

《任城王云传附澄》：朕昨入城，见车上妇人冠帽而著小襦袄者，若为如此，尚书何为不察？（卷 19 中，页 469）

《侯渊传》：路中遇寇，身披苫褐，荣赐其衣帽，厚待之，以渊为中军副都督。（卷 80，页 1786）

《良吏传·宋世景》：尝有一吏，休满还郡，食人鸡豚；又有一干，受人一帽，又食二鸡。世景叱之曰：“汝何敢食甲乙鸡豚，取丙丁之帽！”吏干叩头伏罪。（卷 88，页 1902～1903）

《宋书》中“帽”20 例，有“乌帽”“黑帽”“织成衣帽”“绢帽”“绣帽”“乌纱帽”“鹿皮帽”“狐皮帽”“铠帽”“乌丸帽”等，其余尚有：

《武帝纪下》：诸子旦问起居，入阁脱公服，止著裙帽，如家人之礼。（卷 3，页 60）

《后废帝纪》：凡诸鄙事，过目则能，锻炼金银，裁衣作帽，莫不精绝。（卷 9，页 189）

---

① 黄金贵《古代文化词义集类辨考》，上海教育出版社，1995 年，页 674～681。

《礼志五》:徐爰曰:"帽名犹冠也,义取于蒙覆其首,其本纚也。古者有冠无帻,冠下有纚,以缯为之。后世施帻于冠,因裁纚为帽。自乘舆宴居,下至庶人无爵者,皆服之。"史臣案晋成帝咸和九年制,听尚书八座丞郎、门下三省侍郎乘车白帢低帻出入掖门。又二宫直官著乌纱帢。然则士人宴居,皆著帢矣。而江左时野人已著帽,士人亦往往而然,但其顶圆耳。后乃高其屋云。(卷18,页520)

《乐志》:少年见罗敷,脱帽著帩头。(卷21,页617)

《五行志一》:是时为衣者,又上短,带至于掖;著帽者,以带缚项。(卷30,页890)

《殷琰传》:式宝骁勇绝众,因留守北门,乃率所领,开门掩袭勔,入其营,勔逃避得免,式宝得勔衣帽而去。(卷87,页2290)

《魏书》中"头衣"义的"冠"共147例,其中"衣冠"30例,"冠履"3例,"冠屦"3例,"冠冕"10例,"冠服"14例,"冠带"8例,"玄冠"2例,"缟冠"5例,"练冠"2例,"免冠"12例,"素冠"2例,"裂冠"4例,其余尚有"白冠""进贤冠""远游冠""笼冠"等。再如:

《临渭氐苻健附生传》:于是百僚大惧,无不引满,污服失冠,生以为乐。(卷95,页2075)

《僭晋司马叡附德宗传》:国宝求假奔彼,遂不即路,虑台纠察,惧于黜免,乃毁冠改服,变为妇人,与婢同载,入请相王。(卷96,页2104)

《岛夷萧衍传》:既而元首怀舞戚之风,上宰薄兵车之会,遂解縶南冠,喻以好睦,舟车遵溯,川陆光华,亭徼相望,欣然自泰,反肉还童,不待羊、陆。(卷98,页2181)

《天象志》:壬子,日有冠珥,内黄外青。占曰"天下喜"。(卷105

之1,页2339)

《礼志三》:窃谓童子在幼之仪,居丧之节,冠杖之制,有降成人。(卷108之3,页2790)

《宋书》中“头衣”义的“冠”共243例,其中“冠屦”1例,“冠履”1例,“冠带”4例,“冠冕”11例,“冠胄”2例,“弁冠”1例,“衣冠”23例,“冠族”1例,“素冠”3例,“练冠”3例,“玄冠”2例,“白冠”1例,另外尚有“平天冠”“通天冠”“进贤冠”“远游冠”“委貌冠”等,如:

《礼志二》:上附于冠,下不属衣。冠固不革,而帻岂容异色。愚谓应恒与冠同色,不宜随节变彩。(卷14,页384~385)

《礼志五》:天子礼郊庙,则黑介帻,平冕,今所谓平天冠也。……其朝服,通天冠,高九寸,金博山颜,黑介帻,绛纱裙,皂缘中衣。……其杂服,有青赤黄白缃黑色介帻,五色纱裙,五梁进贤冠,远游冠,平上帻,武冠。(卷18,页502)

《礼志五》:进贤冠,前高七寸,后高三寸,长八寸,梁数随贵贱。古之缁布冠也。文儒者之所服。……行乡射礼,则公卿委貌冠,以皂绢为之,形如覆杯,与皮弁同制。长七寸,高四寸。(卷18,页503)

结合同时期文献的调查,可以发现“帽”的使用在南北朝时期南方地区较北方要广泛一些。

表 4.3　“冠”“帽”在南北朝文献中的使用（单位：例）

北朝文献	冠	帽	南朝文献	冠	帽
魏书	147	10	宋书	243	20
北朝文	128①	2	南朝文	300②	7
水经注	12	0	世说新语	5	3
洛阳伽蓝记	8	2	高僧传	11	6
齐民要术	5	0	周氏冥通记	19	1
贤愚经（13 卷）	9	0	菩萨善戒经（9 卷）	1	0
杂宝藏经（10 卷）	14	0	百喻经（4 卷）	0	1
金色王经（1 卷）	0	0	阿育王经（10 卷）	10	0
合计	323	14	合计	599	38
百分比（%）	95.8	4.2	百分比（%）	93.7	6.3

践——踏

先秦时期，表示践踏义，多用“践”，不用“蹋”（踏）。汉代以后，“蹋”（踏）”的使用才多起来。③

我们穷尽性地调查了《魏书》和《宋书》“践”“踏”的使用情况。《魏书》中“踏”2 例，包括及物和不及物动词用法：

① 其中“冠冕”21 例，“衣冠”19 例，“冠服”6 例，“冠带”8 例。

② 其中 “冠带”7 例，“冠冕”40 例，“冠履”6 例，“冠屦”3 例，“衣冠”48 例，“冠盖”13 例，“冠胄”5 例，“冠族”2 例。

③ 景盛轩、吴波《南、北本〈大般涅槃经〉》，《汉语史研究集刊》（第十一辑），巴蜀书社，2008 年，页 294～295。

《高祖孝文帝纪》:又诏汉、魏、晋诸帝陵,各禁方百步不得樵苏践蹋。(卷7下,页179)

《咸阳王禧传》:其宫人歌曰:"可怜咸阳王,奈何作事误。金床玉几不能眠,夜蹋霜与露。洛水湛湛弥岸长,行人那得渡。"(卷21上,页539)

"践"除去"践阼(祚、胙)""践位""践极"等固定用语外,共有19例,其中有"腾践""践蹋""伤践""践藉""凌践""腾践""践秽""践陟"等并列结构,其他单音节形式11例(其中及物动词用法7例,不及物动词用法4例),略举例如下:

《韩麒麟传》:今始践伪境,方图进取,宜宽威厚惠,以示贼人,此韩信降范阳之计。(卷60,页1311)

《徒何慕容廆附超传》:超将公孙五楼劝超拒之于大岘,超曰:"但令度岘,我以铁骑践之,此成擒也。"(卷95,页2072)

《段承根传》:徇兢争驰,天机莫践。(卷52,页1158)

《崔光传》:步骑万余,来去经践,驾辇杂沓,竞骛交驰,纵加禁护,犹有侵耗,士女老幼,微足伤心。(卷67,页1496)

《宋书》中"蹋"6例,其中3例及物动词用法,3例不及物动词用法,如:

《礼志五》:猎车,辋轊,轮画缪龙绕之。一名蹋猪车。魏文帝改曰蹋虎车。(卷18,页496)

《乐志一》:加以四海朝觐,言观帝庭,耳聆《雅》《颂》之声,目睹威仪之序,足以蹋天,头以履地,反两仪之顺,伤彝伦之大。(卷19,页

546）

《晋平刺王休佑传》：吾与骠骑南山射雉，骠骑马惊，与直阁夏文秀马相踏，文秀堕地，骠骑失鞚，马惊，触松树堕地，落硎中，时顿闷，不识人，故驰报弟。（卷72，页1880）

《王景文传》：夫千仞之木，既摧于斧斤；一寸之草，亦瘁于践蹋。（卷85，页2183）

“践”45例，除去“践阼（祚、胙）”“践位”“践极”“践境”等固定用语，22例用于及物动词，18例用于不及物动词，如：

《武帝纪》：彼远来疲劳，势不能久，但当引令过岘，我以铁骑践之，不忧不破也。（卷1，页15）

《符瑞志中》：含仁而戴义，音中钟吕，步中规矩，不践生虫，不折生草，不食不义，不饮洿池，不入坑阱，不行罗网。（卷28，页791）

《五行志二》卷31：无几而孙恩作乱，再践会稽。（五行志二，页918）

《乐志一》：敦彼行苇，犹谓勿践，矧伊生民，而不恻怆。（卷19，页546）

《符瑞志上》：以为不祥，弃之阨巷，羊牛避而不践。（卷27，页764）

《自序附璞传》：若宜避贼归都，会资舟楫，则更相蹂践，正足为患。（卷100，页2463）

就我们调查的文献来看，书面语较强的文献中，“践”仍然占据着主导地位，“蹋（踏）”处于劣势。但口语性较强的文献尤其是汉译佛经材料显示“蹋（踏）”已占有了绝对优势，参见表4.4。

从我们调查的这一时期南北双方口语性较强的文献中可以看出，北方地区"践"的地位正逐渐被"蹋(踏)"取代，而在南方地区，"蹋(踏)"已然完全取代了"践"。

表4.4 "践""蹋(踏)"在南北朝文献中的使用(单位:例)

北朝文献	践	蹋(踏)	南朝文献	践	蹋(踏)
魏书	19	2	宋书	45	6[①]
北朝文	60	8	南朝文	154	5
水经注	10	1	世说新语	2	0
洛阳伽蓝记	3	0	高僧传	13	1
齐民要术	20	18	周氏冥通记	0	0
贤愚经(13卷)	6	5	菩萨善戒经(9卷)	0	0
杂宝藏经(10卷)	2	9	百喻经(4卷)	0	13
金色王经(1卷)	0	0	阿育王经(10卷)	0	2

屦——履——鞋

表示对鞋子的通称，"屦""履""鞋"存在着历史替换关系。黄金贵先生认为战国以前"屦"为通称，战国时期，"屦""履"并为鞋子的通称，汉代开始，"履"取代"屦"成为通称。唐代以后，鞋开始成为口语中的通称。[②]

我们穷尽性调查了《魏书》和《宋书》，结合其他文献的调研，发现

① 其中踏1例，蹋5例。

② 黄金贵《古代文化词义集类辨考》，上海教育出版社，1995年，页757～768。

"履"的使用占有绝对优势，为南北朝时期鞋子语义场的主导词。《魏书》"履"22 例，其中"剑履"7 例，"冠履"3 例，又有"杖履""素履""穿角履""方履""乌履"等，其余例如：

《阉官传·抱嶷》：遭时之运，逢非次之擢，以犬马延慈，簪履恩念，自微至贵，位阶方岳。（卷 94，页 2023）

《岛夷刘裕传》：裕家本寒微，住在京口，恒以卖履为业。（卷 97，页 2129）

《岛夷刘裕传附彧》：休仁推立彧，彧时失履，徒跣登西堂，备天子仪服，呼诸大臣入见，事无巨细，称令施行。（卷 97，页 2147）

《灵征志上》：建兴濩泽县民贾日成以去四月中养蚕，有丝网成幕，中有卷物似绢带，长四尺，广三寸，薄上复得黄茧二，状如履形。（卷 112 上，页 2922）

《宋书》"履"24 例，其中"剑履"5 例，又有"圆头履""孔子履""素履""木履"，其余例如：

《明帝纪》：于时事起仓卒，上失履，跣至西堂，犹著乌帽。（卷 8，页 152）

《礼志五》：骑士卒百工人……履色无过绿、青、白。奴婢衣食客……履色无过纯青。（卷 18，页 528）

《蔡廓传附兴宗》：时右军将军王道隆任参内政，权重一时，蹑履到前，不敢就席，良久方去，竟不呼坐。（卷 57，页 1584）

《沈庆之传》：及湛被收之夕，上开门召庆之，庆之戎服履靺缚绔入……（卷 77，页 1996）

"屦"在南北朝时期南北文献中偶见使用,但仅限于书面语,如《魏书》共6例,其中"冠屦"3例,其余3例为"慈爱念屦"(卷19下)、"荷衣葛屦"(卷71)、"黑屦"(卷108之3)。《宋书》3例,分别为"纳屦而行"(卷56)、"冠屦"(卷74)、"尊冠贱屦"(卷74)。在同时期口语化程度较高的汉译佛经中未见使用。

南北朝时期,盛行木屐。就我们调查的文献而言,仅在北方文献中的《杂宝藏经》和《全后魏文》各寻得1例:《杂宝藏经》卷九《迦栴延为恶生王解八梦缘》:"师子王国当献毗琉璃宝屐,价直十万两金。"(04-490b)《全后魏文》卷四十三邢峦《请增兵粮图蜀表》:"萧渊藻是裙屐少年,未洽治务,及至益州,便戮郑元起、曹亮宗,临戎斩将,则是驾驭失方。"而南朝文献中"屐"的出现较为频繁,参见表4.5。因此我们推测,南北朝时期,木屐的穿着大概以南方为主。

另外,"靴"在南北朝时期是北方地区较为流行的鞋子。如:

《魏书·车伊洛传》:世祖录其诚款,延和中,授伊洛平西将军,封前部王,赐绢一百匹,绵一百斤,绣衣一具,金带靴帽。(卷30,页723)

又《徒何慕容廆传附永》:永,字叔明。暐既为符坚所并,永徙于长安,家贫,夫妻常卖靴于市。(卷95,页2063)

《水经注》卷二四《睢水》"东过睢阳县南"注引"《列仙传》曰:仙人文宾,邑人,卖靴履为业"。

《洛阳伽蓝记》卷四"禅虚寺":其中有辟支佛靴,于今不烂,非皮非缯,莫能审之。

《齐民要术》卷九"煮胶":破皮履、鞋底、格椎皮、靴底、破鞍、靫,但是生皮,无问年岁久远,不腐烂者,悉皆中煮。

又卷六"养羊":二年敷卧,小觉垢黑,以九月、十月,卖作靴毡,明年四五月出毡时,更买新者。

又卷九"作、奥、糟、苞"：大如靴雍，小如人脚腨肠。

在我们所观察到的南方文献中，"靴"均是指北方人的穿着，如：

《高僧传》卷十：后数日有人从北来云，见度负芦圌行向彭城。乃共开棺唯见靴履。

又卷五：及坚将欲南征遣问休否。嘉无所言。乃乘使者马。佯向东行数百步。因落靴帽解弃衣服奔马而还。以示坚寿春之败。

《全陈文》卷九徐陵《武皇帝作相时与北齐广陵城主书》：假令蚩尤重出，白起还生，控代马而陵波，蹑胡靴而蹁水，终难逞效，讵有成功……

又卷九徐陵《与顾记室书》：去年正月十五日，尚书官大朝，元凯既集，丞郎肃然，忽有陈庆之儿陈暄者，帽簪钉额，条布裹头，虏袍通踝，胡靴至膝，直来郎座，遍相排抱，或坐或立，且歌且咏……

"鞋"虽然古已有之①，但在这一时期的文献中还是比较少见，我们只在《齐民要术》中寻得1例：

《齐民要术》卷九"煮胶"：破皮履、鞋底、格椎皮、靴底、破鞍、鞦，但是生皮，无问年岁久远，不腐烂者，悉皆中煮。

可以看出，"履""鞋""靴"是分别井然的，这个时期的"鞋"还只是鞋口系绳、可以松紧的轻巧皮鞋，还未取得通称的地位。

---

① 《说文·革部》："鞵，革生鞮也。"《释名·释衣服》："鞵，解也，著时缩其上如履然，解其上则舒解也。"

表 4.5 “屦、履、屐、舄、靴、鞋”在南北朝文献中的使用(单位:例)

北朝文献	屦	履	屐	舄	靴	鞋	南朝文献	屦	履	屐	舄	靴	鞋
魏书	6	22	1①	1	2	0	宋书	3	24	6	1	0	0
北朝文	7	41	1	0	0	0	南朝文	11	61	5	0	2	0
水经注	0	14	0	0	1	0	世说新语	0	3	9	0	0	0
洛阳伽蓝记	0	1	0	0	1	0	高僧传	0	7	2	0	2	0
齐民要术	0	9	0	0	3	1	周氏冥通记	0	4	3	0	0	0
贤愚经(13 卷)	0	0	0	0	0	0	菩萨善戒经(9 卷)	0	0	0	0	0	0
杂宝藏经(10 卷)	0	0	1	0	0	0	百喻经(4 卷)	0	0	5	0	0	0
金色王经(1 卷)	0	0	0	0	0	0	阿育王经(10 卷)	0	0	0	0	0	0
合计	12	91	2②	1	7	1	合计	14	101	29	1	4	0

目——眼

“眼”和“目”存在着历时替换关系，汪维辉先生考证至迟到汉末“眼”已在口语中替代了“目”，到了六朝后期“眼”在文学语言中替代了“目”。[③]

经过穷尽性的调查，我们寻到《魏书》“眼”114 例，其中 100 例用于

① 《魏书·邢峦传》：“萧渊藻是裙屐少年，未洽治务，及至益州，便戮邓元超、曹亮宗，临戎斩将，则是驾驭失方。”(卷 65，页 1440)与北朝文例同。

② 《魏书》例与北朝文同，见上。

③ 汪维辉《东汉—隋常用词演变研究》，南京大学出版社，2000 年，页 31。

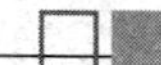

人名，如“杨大眼”“杨小眼”“傅竖眼”；仅有14例属于普通名词，其中包括“千里眼”“眉眼”“掩眼捕雀”“三羊五眼”“眼目”“眼睛”“鸡眼”“虎眼泉”等结构，其余尚有：

《咸阳王禧传》：禧亦不以为讽己，因解之曰：“此是眼也。”（卷21，页539）

《杨播附椿传》：又愿毕吾兄弟世，不异居、异财，汝等眼见，非为虚假。（卷58，页1289）

《杨大眼传》：王肃弟子秉之初归国也，谓大眼曰：“在南闻君之名，以为眼如车轮。及见，乃不异人。”（卷73，页1635）

《羯胡石勒附虎传》：刘霸断其手足，斫眼溃腹，如韬之伤。（卷95，页2053）

《岛夷萧道成附宝传》：前魏兴太守王敬宾新死未敛，家人被驱，不得守视，及家人还，鼠食敬宾两眼都尽，如此者非一。（卷98，页2171）

《宋书》“眼”18例，包括“四眼龟”“六眼龟”“八眼龟”“鹅眼钱”“眼目”“眼精”“耳眼”等结构，其余略举如下：

《天文志四》：将军宗越偏用虐刑，先刳肠决眼，或笞面鞭腹，苦酒灌创，然后方加以刀锯。（卷26，页750）

《庾登之附炳之传》：炳之所行，非暧昧而已，臣所闻既非一旦，又往往眼见，事如丘山，彰彰若此，遂纵而不纠，不知复何以为治。（卷53，页1518）

《沈庆之传》：上尝欢饮，普令群臣赋诗，庆之手不知书，眼不识字，上逼令作诗，庆之曰：“臣不知书，请口授师伯。”（卷77，页2003）

《谢庄传》:眼患五月来便不复得夜坐,恒闭帷避风日,昼夜惛懵,为此不复得朝谒诸王,庆吊亲旧,唯被敕见,不容停耳。(卷85,页2171)

我们又调查了南北朝时期其他文献,发现在北方地区的中土文献中,"眼"的使用频率并没有超过"目",而口语性较强的汉译佛经中,"眼"的使用占了绝对优势。南方地区的中土文献中,只有《周氏冥通记》中"眼"的使用超过了"目",其他文献仍然是"目"占优势,而口语性较强的汉译佛经中,"眼"占了压倒优势。

表4.6 "目""眼"在南北朝文献中的使用(单位:例)

北朝文献	目	眼	南朝文献	目	眼
魏书	95	114	宋书	101	18
北朝文	125	19	南朝文	357	88
水经注	33	6	世说新语	20	15
洛阳伽蓝记	19	2	高僧传	30	18
齐民要术	45	32	周氏冥通记	2	4
贤愚经(13卷)	45	113	菩萨善戒经(9卷)	8	49
杂宝藏经(10卷)	13	46	百喻经(4卷)	11	32
金色王经(1卷)	1	2	阿育王经(10卷)	6	76
合计	378	334	合计	535	300
百分比(%)	53.1	46.9	百分比(%)	63.8	36.2

矢——箭

魏晋前,"矢"是箭的总称,"箭"大都作箭杆之称。魏晋起,"矢"仍

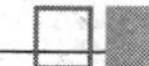

作箭的总称，“箭”是口语中箭的总称。二者常同义通用。[①]

我们穷尽性调查了《魏书》和《宋书》中的“矢”和“箭”的用法，发现《魏书》中“箭”共20例，如：

《北海王详传》：至高宗射铭之所，高祖停驾，诏诸弟及侍臣，皆试射远近，唯详箭不及高宗箭所十余步。（卷21上，页559）

《莫题传》：题时贰于太祖，遗箭于窟咄，谓之曰：“三岁犊岂胜重载”，言窟咄长而太祖少也。太祖既衔之。天赐五年，有告题居处倨傲，拟则人主。太祖乃使人示之箭，告之曰：“三岁犊，能胜重载不？”题奉诏，父子对泣，诘朝乃刑之。（卷28，页683）

《慕容白曜传》：三年春，克东阳，擒沈文秀。凡获仓粟八十五万斛，米三千斛，弓九千张，箭十八万八千，刀二万二千四百，甲胄各三千三百，铜五千斤，钱十五万，城内户八千六百，口四万一千，吴蛮户三百余。（卷50，页1119）

《奚康生传》：康生性骁勇，有武艺，弓力十石，矢异常箭，为当时所服。（卷73，页1629）

《宋书》中“箭”18例，如：

《蒯恩传》：于娄县战，箭中左目。（卷49，页1436）

《何承天传》：毅尝出行，而鄢陵县史陈满射鸟，箭误中直帅，虽不伤人，处法弃市。（卷64，页1702）

《沈攸之传》：攸之迁员外散骑侍郎，又随庆之征广陵，屡有功，被箭破骨。（卷74，页1927）

---

① 黄金贵《古代文化词义集类辨考》，上海教育出版社，1995年，页150～155。

《殷琰传》：劭用草茅苞土，掷以塞堑，掷者如云，城内乃以火箭射之，草未及燃，后土续至，一二日，堑便欲满。（卷87，页2290）

《魏书》和《宋书》"矢"分别是52和45例。固定语词"楛矢"在《魏书》和《宋书》分别有9例和4例，若不包括"楛矢"，"箭"的出现频率将近"矢"的一半。可以看出，在史书语言中，"箭"作为箭的总称并没有占到优势。我们又调查了南北朝时期的其他文献，发现南北朝时期的北方地区，中土文献中"矢"占优势，但口语性较强的文献如《齐民要术》和汉译佛经，"箭"占了上风；南朝文献中，中土文献中的"矢"占压倒优势，而汉译佛经中"箭"占绝对优势。综合中土和佛典文献，南北朝时期，"箭"在北方文献中的使用要高于南方文献。

表4.7 "矢""箭"在南北朝文献中的使用（单位：例）

北朝文献	矢	箭	南朝文献	矢	箭
魏书	52	20	宋书	45	18
北朝文	26	36	南朝文	54	40
水经注	15	7	世说新语	4	0
洛阳伽蓝记	2	3	高僧传	4	2
齐民要术	0	9	周氏冥通记	0	0
贤愚经(13卷)	1	15	菩萨善戒经(9卷)	0	2
杂宝藏经(10卷)	0	16	百喻经(4卷)	0	2
金色王经(1卷)	0	0	阿育王经(10卷)	0	6
合计	96	106	合计	107	70
百分比(%)	47.5	52.5	百分比(%)	60.5	39.5

豕——猪

“豕”是猪的通称，后汉时期，“猪”成为口语中猪的通称。[①] 骆晓平先生认为晋南北朝时期，“猪”取代了“豕/彘”，成为表示“猪”这一概念的主要词[②]。

我们穷尽性地调查了《魏书》和《宋书》。《魏书》中“猪”19 例，其中 5 例为人名用字，有“安賭“”赵賭“”薛野賭”，另外 14 例为普通名词，其中“猪鹿”“猪牛”“猪狗”“猪鱼”并举，如：

《古弼传》：行百余里而弼表至，曰：“今秋谷悬黄，麻菽布野，猪鹿窃食，鸟雁侵费，风波所耗，朝夕参倍，乞赐矜缓，使得收载。”（卷 28，页 692）

《房法寿传》：后以母老，不复应州郡之命。常盗杀猪牛，以共其母。（卷 43，页 969）

《羯胡石勒附虎传》：竖日，有人告之，虎大怒，以铁镮穿宣颔而锁之，作数斗木槽，和以羹饭，以猪狗法食之。……诛其四率已下三百人、宦者五十人，皆车裂、节解，弃之漳水，污其东宫，以养猪牛。（卷 95，页 2053）

《岛夷刘裕附子业传》：彧、休祐形体肥大，遂以笼盛称之，彧尤肥，号曰“猪王”。（卷 97，页 2146）

《勿吉传》：多猪无羊。（卷 100，页 2220）

《失韦传》：颇有粟麦及穄，唯食猪鱼，养牛马，俗又无羊。（卷 100，页 2221）

---

① 黄金贵《古代文化词义集类辨考》，上海教育出版社，1995 年，页 417～421。

② 骆晓平《“猪”的来源与“猪”“豕”的兴替》，《湖北民族学院学报》，1996 年 3 期。

《灵征志上》：高祖延兴元年九月，有司奏豫州刺史、临淮公王让表，有猪生子，一头、二身、八足。（卷112，页2919）

《宋书》中“猪”10例，如下：

《礼志五》：猎车，辋幰，轮画缪龙绕之。一名蹋猪车。魏文帝改曰蹋虎车。（卷18，页496）

《符瑞志上》：先是秦穆公时，陈仓人掘地得物，若羊非羊，若猪非猪，怪，将献之。（卷27，页771）

《五行志三》：吴戍将邓嘉杀猪祠神，治毕县之，忽见一人头往食肉，嘉引弓射中之，咋咋作声，绕屋三日。（卷32，页945）

《五行志五》：晋武帝咸宁中，司徒府有二大蛇，长十许丈，居听事平撩上，数年而人不知，但怪府中数失小儿及猪犬之属。（卷34，页1002）

《始安王休仁传》：休仁及太宗、山阳王休祐，形体并肥壮，帝乃以竹笼盛而称之，以太宗尤肥，号为“猪王”，号休仁为“杀王”，休祐为“贼王”。……太宗尝忤旨，帝怒，乃倮之，缚其手脚，以杖贯手脚内，使人檐付太官，曰：“即日屠猪。”休仁笑谓帝曰：“猪今日未应死。”帝问其故，休仁曰：“待皇太子生，杀猪取其肝肺。”（卷72，页1871～1872）

《沈庆之传》：庆之每朝贺，常乘猪鼻无幰车，左右从者不过三五人。（卷77，页2004）

《魏书》和《宋书》中“豕”分别是19和24例，如果不包括“豕突”和

“封豕”这样的固定说法[①]，《魏书》和《宋书》中“豕”分别是12和15例。我们相继调查了南北朝时期的南北朝文献，发现在北朝文献中，“猪”占有了绝对优势；相较而言，南朝文献中“猪”的使用频率并不是很高。

表4.8　“豕”“猪”在南北朝文献中的使用(单位:例)

北朝文献	豕	猪	南朝文献	豕	猪
魏书	19	19	宋书	24	10
北朝文	19[②]	5	南朝文	43[③]	4
水经注	5	20	世说新语	0	4
洛阳伽蓝记	0	1	高僧传	1	3
齐民要术	6	97	周氏冥通记	0	0
贤愚经(13卷)	0	1	菩萨善戒经(9卷)	0	0
杂宝藏经(10卷)	0	0	百喻经(4卷)	0	0
金色王经(1卷)	0	0	阿育王经(10卷)	0	0
合计	49	143	合计	68	21
百分比(%)	25.5	74.5	百分比(%)	76.4	23.6

盲——瞎

上古时期，“盲”是瞎语义场的主导词，其成员主要有盲、眇、瞽、

① 《魏书》中“豕突”3例，“封豕”5例；《宋书》中“豕突”3例，“封豕”1例。

② 包括“封豕”10例，“豕突”1例。

③ 包括“封豕”13例，“豕突”6例。

矇、瞍[①]等，东汉至隋，新成员“瞎”开始出现。[②] 我们穷尽性调查了《魏书》和《宋书》，发现《魏书》中“瞎”5例，如下：

《董绍传》：萧宝夤反于长安也，绍上书求击之，云：“臣当出瞎巴三千，生啖蜀子。”肃宗谓黄门徐纥曰：“此巴真瞎也？”纥曰：“此是绍之壮辞，云巴人劲勇，见敌无所谓惧，非实瞎也。”（卷79，页1759）

《临渭氐苻健附生传》：生无一目，年七岁，洪戏之，问侍者曰：“吾闻瞎儿一泪，信乎？”（卷95，页2074）

《临渭氐苻健附生传》：又谣曰：“百里望空城，郁郁何青青。瞎人不知法，仰不见天星。”（卷95，页2076）

《宋书》中“瞎”1例：

《五行志二》：元康中，天下商农通著大鄣日，童谣曰：“屠苏鄣日覆两耳，当见瞎儿作天子。”（卷31，页915）

“盲”在《魏书》和《宋书》中各有1例：

《魏书·刁雍传》：逮乎秦皇，剪弃道术，灰灭典籍，坑烬儒士，盲天

① 黄金贵先生考辨上古时“瞽”，有目而闭合；“瞍”，无目而闭合；“矇”眼瞳障翳而失明；“盲”眼瞳失明而不能辨色，秦以后，“盲”成为双目失明的总称。“眇”，双目微视或不能视；魏晋前以前义为主，魏晋后以后义为主，后义相当于上古的瞽，浑称即瞎。“瞎”，无目而闭合，相当于上古之瞍，常用作双目闭合而失明的通称。参见其《释“眇”“盲”“瞎”》，《文史知识》，1992年第7期。又《古代文化词义集类辨考》，页605～610。方一新先生认为“瞎”指一目失明。见《说“盲人骑瞎马”的“瞎”》，《文史知识》，1991年第12期。

② 鲍金华《“盲”和“瞎”的历时替换》，《语文学刊》，2008年第5期。

下之目，绝象魏之章，箫韶来仪，不可复矣。（卷 38，页 870）

《宋书·鲁爽传》：近系南云，倾属东日，盖犹痿人思步，盲者愿明。（卷 74，页 1923）

我们调查了南北朝时期文献，“瞎”的出现频率较低，远远不及“盲”，可以看出是个新兴语词。就我们的调查而言，南方文献较少使用“瞎”，仅在《宋书》和《世说新语》中各有 1 例[①]。结合佛经文献的调查，发现“瞎”多出现在北方文献中[②]。我们推测，“瞎”可能是一个北方方言词。

表 4.9　“盲”“瞎”在南北朝文献中的使用（单位：例）

北朝文献	盲	瞎	南朝文献	盲	瞎
魏书	1	5	宋书	1	1
北朝文	11	1	南朝文	16	0
水经注	1	0	世说新语	1	1
洛阳伽蓝记	2	0	高僧传	1	0
齐民要术	1	0	周氏冥通记	0	0
贤愚经(13 卷)	30	1	菩萨善戒经(9 卷)	2	0
杂宝藏经(10 卷)	29	3	百喻经(4 卷)	4	0
金色王经(1 卷)	0	0	阿育王经(10 卷)	6	0
合计	75	10	合计	31	2

① 《世说新语·排调》：殷有一参军在坐，云：“盲人骑瞎马，夜半临深池。”

② 鲍金华《“盲”和“瞎”的历时替换》，《语文学刊》，2008 年第 5 期。

止——住——停

具有"停止"义的"止""住""停"具有历时替换关系。[①] "止"在先秦就有"停止"义,是经典习语。"住""停"当"停止"讲,东汉时产生。如:

《楚辞·九思·逢尤》"伫立兮忉怛"王逸注:"伫,停。"

《东观汉记·曹褒》:"曹褒在射声,营舍有停棺不葬百余所,褒亲自履行,问其意故。"

《论衡·状留》:"且圆物投之于地,东西南北,无之不可,策杖叩动,才微辄停。"

我们穷尽性地调查了《魏书》和《宋书》,《魏书》中"止"238 例,其中"禁止"15 例,"举止"10 例,"息止"3 例,"止息"8 例,"进止"5 例,"居止"5 例,"容止"4 例,"游止"3 例。"停"143 例,其中"停寝"4 例,"停废"2 例,"停止"2 例,"停积"2 例,"停驾(3)/师(3)/军(6)/轸(1)/柩(2)/尸"(2),"停息""淹停""停蹙""停休""停滞""停淹""停留"各 1 例。"住"12 例,如:

《崔浩传》:臣始谓义隆军来当屯住河中,两道北上,东道向冀州,西道冲邺……后冠军将军安颉军还,献南俘囚,说南贼之言云义隆敕其诸将,若北国兵动,先其未至,径前入河,若其不动,住彭城勿进。如浩所量。(卷 35,页 821)

《邢峦传》:高祖因行药至司空府南,见峦宅,遣使谓峦曰:"朝行药

---

① 景盛轩、吴波《南、北本〈大般涅槃经〉》,《汉语史研究集刊》(第十一辑),巴蜀书社,2008 年,页 288。

至此，见卿宅乃住，东望德馆，情有依然。"（卷65，页1438）

《释老志》：其外国僧尼来归化者，求精检有德行合三藏者听住，若无德行，遣还本国，若其不去，依此僧制治罪。（卷114，页3041）

《宋书》中"止"262例，其中"禁止"5例，"举止"9例，"止息"4例，"进止"6例，"居止"4例，"容止"7例。"停"98例，其中"停寝"2例，"停废"2例，"停驾"1例，"停军"3例，"停尸"1例。"住"11例，如：

《乐志一》：晋《先蚕注》："车驾住，吹小箛；发，吹大箛。"（卷19，页558）

《谢灵运传》：西军既反，得据关中，长围咸阳，还路已绝，虽遣救援，停住河东，遂乃远讨大城，欲为首尾。（卷67，页1773）

《邓琬传》：希真等以义徒强盛，住庐陵不敢进。（卷84，页2141）

从我们调查的文献来看，在南北朝时期书面语较强的文献中，"止"仍然占据主导地位，但在口语性较强的文献中，"住"和"停"表现出强劲的竞争力，尤其是"住"，从使用频率上已经远远超过了"止"，而且就地域性而言，北方口语性文献中对"停"的使用要远远超过同时期的南方文献。

表4.10　"止""住""停"在南北朝文献中的使用（单位：例）

北朝文献	止	住	停	南朝文献	止	住	停
魏书	238	12	143	宋书	262	11	98
北朝文	235	119	179	南朝文	329	183	247
水经注	55	5	11	世说新语	32	8	14
洛阳伽蓝记	13	0	3	高僧传	247	84	33

续表 5.1

北朝文献	止	住	停	南朝文献	止	住	停
齐民要术	59	8	7[①]	周氏冥通记	4	0	9
贤愚经(13 卷)	62	127	10	菩萨善戒经(9 卷)	3	170	1
杂宝藏经(10 卷)	32	38	10	百喻经(4 卷)	6	6	5
金色王经(1 卷)	1	1	0	阿育王经(10 卷)	0	70	1
合计	695	310	363	合计	883	532	408

① 《齐民要术》:锄不厌数,周而复始,勿以无草而暂停。(《种谷》)接去清水,贮出淳汁,著大盆中,以杖一向搅——勿左右回转——三百余匝,停置,盖瓮,勿令尘污。(《种红蓝花栀子·作米粉法》)缓驱行,勿停息。(《养羊》)《诗》云:“思乐泮水,言采其茆。”毛云:“茆,凫葵也。”《诗义疏》云:“茆,与葵相似。叶大如手,赤圆,有肥,断著手中,滑不得停也。茎大如箸。皆可生食;又可汋,滑美。江南人谓之蓴菜,或谓之水葵。”(《养鱼》)其匕匙如挽棹法,连疾搅之,不得暂停,停则生熟不均。(《笨曲并酒·作秦州春酒法》)七日后当臭,衣生,勿得怪也,但停置,勿移动、挠搅之。(《作酢法·动酒酢法》)

第五章　相关语词聚合的南北差异

词汇不是零散的，而是一个系统。蒋绍愚先生在《古汉语词汇纲要》谈到："词不是孤立地存在的，它们处在相互的联系之中。一批有关联的词，组成一个语义场。"[①]我们推测南北朝时期南北双方的词汇差异也不是零散的，应该存在着系统性或者类型性。

一、授官任职语义场比较[②]

《宋书》授官任职语义场的成员包括：封、拜、赠、授、征、辟、召、版/板、赐、假$_1$、起家、举、引、迁、除、转、徙、加、进、擢、降、免、解、罢、复、为、历、参、作、临、解褐、领、行、兼、录、假$_2$、署、典、摄、带。从语义角度可以细分出两个子语义场：一为授官子语义场，成员包括：封、拜、赠、授、征、辟、召、版/板、赐、假$_1$、起家、举、引、迁、除、转、徙、加、进、擢、降、免、解、罢、复；一为任职子语义场，成员包括：为、历、参、作、临、解褐、领、行、兼、录、假$_2$、署、典、摄、带。授官子语义场内部可以细分出不涉及官职变动的授官子语义场（封、拜、赠、授、征、辟、召、版/板、赐、假$_1$、起家、举、引）和涉及官职变动的授官子语义场（迁、除、转、徙、加、进、擢、降、免、解、罢、复）。各成员在《宋书》中的使用能情况见表 5.1 和表 5.2。

---

① 蒋绍愚《古汉语词汇纲要》，商务印书馆，2005 年，页 274。

② 主要参考李丽《〈魏书〉词汇研究》，人民日报出版社，2006 年。

表 5.1 《宋书》授官子语义场

授官语义场		出现频率（例）	组合方式		
			V(＋为/以)＋官职名称	V＋人名(＋为)＋官职名称	其他方式
不涉及官职变动的成员	封	453	封(＋为)＋爵位名称	封＋人名(＋为)＋爵位名称	×
	拜	265	拜(＋为)＋官职名称	拜＋人＋为＋官职名称	拜＋地名
	赠	226	赠＋官职、爵位名称	赠＋人名＋官职、爵位名称	×
	授	143	授(＋以/为)＋官职名称	授＋人名(＋为)＋(官职名称)	授＋地名
	征	129	征(＋为)＋官职名称	征＋人名＋为＋官职名称	×
	辟	63	辟(＋为)＋官职名称	辟＋人名＋为＋官职名称	×
	召	53	召(＋为)＋官职名称	召＋人名＋为/补＋官职名称	×
	版(板)	48	版＋为＋官职名称	版＋人名＋为/行＋官职名称	×
	赐	47	赐＋官职、爵位名称	赐＋人＋官职、爵位名称	×
	假$_1$	23	假＋官职名称	假＋人名＋官职名称	×
	起家	16	起家(＋为)＋官职名称	×	×
	举	16	举＋为＋官职名称	举＋人名＋为＋官职名称	×
	引	5	引＋为＋官职名称	×	×

续表 5.1

授官语义场		出现频率（例）	组合方式		
			V（＋为/以）＋官职名称	V＋人名（＋为）＋官职名称	其他方式
涉及官职变动的成员	除	327	除（＋为）＋官职名称	除＋人名（＋为）＋官职名称	×
	徙	84	徙（＋为）＋官职名称	徙＋人名＋为＋官职名称	×
	转	244	转（＋为）＋官职名称	转＋人名（＋为）＋官职名称	转＋在＋地名
	迁	395	迁＋官职名称	迁＋人名＋官职名称	×
	擢	16	擢＋为＋官职名称	×	×
	加	453	加＋官职名称	加＋人名＋官职名称	×
	进	335	进（＋为）＋官职名称	进＋人名（＋位/号、爵）＋（为）＋官职爵位	×
	降	53	降＋为＋官职名称	降＋人名＋为/号＋官职名称	×
	免	125	免＋官职名称	免＋人名＋官职名称	①免（……）官；②免＋人名＋为庶人
	解	83	解＋官职名称	解＋人名＋官职名称	×
	罢	10	罢＋官职名称	×	罢＋地名
	复	73	复（＋为）＋官职名称	复＋人名＋为＋爵位名称	×

说明：×表示该成员没有此种组合方式。

表 5.2 《宋书》任职子语义场

成员	出现频率(例)	组合方式		
		V(+为/以)+官职名称	V+地名	其他方式
为	3311	为+官职名称	为+地名	×
历	81	历+官职名称$_1$ +官职名称$_2$+……	×	×
参	49	×	×	参……军事
作	28	作+官职名称	作+地名	×
临	23	×	临+地名	×
解褐	2	解褐(+为)+官职名称	×	×
领	516	领+官职名称	领+地名	×
行	277	行+官职名称	行+地名	行……事
兼	109	兼+官职名称	×	×
录	74	×	×	“录尚书”或“录尚书事”
署	16	署+官职名称	×	署+官属机构
假$_2$	12	假+官职名称	×	×
摄	11	×	×	摄职、摄任
带	11	带+官职名称	带+地名	×

说明:×表示该成员没有此种组合方式。

《魏书》授官任职语义场包括:拜、授、赐、辟、征、召、赠、封、举、引、署$_1$、假$_1$、板、除、徙、转、迁、加、进、擢、降、解、罢、免、复、为、历、假$_2$、位、参、作、兼、领、行、录、带、摄、典、署$_2$。授官任职语义场的内部成员从语义角度可以划分为两个子语义场,即授官子语义场和任职子语义场。授官子语义场包括:“拜、授、赐、辟、征、召、赠、封、举、引、署$_1$、假$_1$、板、除、徙、转、迁、加、进、擢、降、解、罢、免、复”；任职子语义场包括：“为、历、假$_2$、位、参、作、兼、领、行、录、带、摄、典、署$_2$”。授官子语义场内部又可以进行细致的划分：“拜、授、赐、辟、征、召、赠、封、举、引、署、假$_1$、板”，不涉及官职的变动；“除、徙、转、迁、加、进、擢、降、解、罢、免、复”，涉及官职的变动。详见表 5.3 和 5.4。

表 5.3 《魏书》授官子语义场

授官语义场		出现频率（例）	组合方式		
			V(+为)+官职名称	V+人名(+为)+官职名称	其他方式
不涉及官职变动的成员	拜	810	拜(+为)+官职名称	拜+人名(+为)+官职名称	×
	授	213	授+(以)+官职名称	授+人名+官职名称	①授+地名；②以+官职名称+授+人名
	赐	416	赐(+爵)+爵位名称	赐+人名(+爵)+爵位名称	×
	辟	52	辟(+为)+官职名称	辟+人名(+为)+官职名称	×
	征	63	征(+为)+官职名称	征+人名(+为)+官职名称	×
	召	24	召+为+官职名称	×	×
	赠	951	赠+(以)+爵位名称	赠+人名(+为)+官职名称	赠+地名
	封	601	封(+为)+爵位名称	封+人名+为+爵位名称	×

续表 5.3

授官语义场		出现频率（例）	组合方式		
			V(＋为/以)＋官职名称	V＋人名(＋为)＋官职名称	其他方式
不涉及官职变动的成员	举	11	举(＋为)＋爵位名称	举＋人名＋为＋爵位名称	×
	引	64	引(＋为)＋爵位名称	引＋人名＋为＋爵位名称	×
	署$_1$	56	署＋官职名称	署＋人名(＋为)＋官职名称	×
	假$_1$	113	假＋官职名称	假＋人名＋官职名称	×
	板	16	板(＋为)＋爵位名称	板＋人名＋为＋官职名称	×
涉及官职变动的成员	除	1158	除＋官职名称	除＋人名(＋为)＋官职名称	×
	徙	43	徙(＋为)＋官职名称	×	×
	转	601	转(＋为)＋官职名称	转＋人名(＋为)＋官职名称	转＋地名
	迁	1033	迁(＋为)＋官职名称	迁＋人名＋官职名称	×
	加	811	加＋官职名称	加＋人名＋官职名称	×

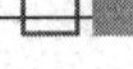

续表 5.3

授官语义场		出现频率（例）	组合方式		
			V(＋为/以)＋官职名称	V＋人名(＋为)＋官职名称	其他方式
涉及官职变动的成员	进	404	进(＋为)＋官职、爵位名称	进＋人名(＋为)＋官职、爵位名称	①进＋爵/封/位/号/公(＋为)＋爵位名称”;②进＋人名＋封/号/爵(＋为)＋官职、爵位名称
	擢	36	擢＋为＋官职名称	擢＋人名＋兼＋官职名称	×
	降	244	降(＋为)＋官职、爵位名称	降＋人名＋官职名称	降＋原官职、爵位名称＋为＋新官职、爵位名称
	解	138	解＋官职名称	解＋人名＋官职名称	解＋地名
	罢	36	罢(＋为)＋官职名称	×	×
	免	108	免＋官职名称	免＋人名＋官职名称	免(＋……)＋为＋庶人/宰人/兵/民
	复	44	复＋官职名称	复＋人名＋官职名称	×

说明：×表示该成员没有此种组合方式。

表 5.4 《魏书》任职子语义场

任官子语义场成员	频率（例）	组合方式		
		V＋官职名称	V＋地名	其他方式
为	3736	为＋官职名称	为＋地名	①为＋官职名简称；②为＋官署机构名称
历	235	历＋官职名称	×	历＋官职名称$_1$＋官职名称$_2$……
假	176	假＋官职名称	×	×
位	87	位＋官职名称	×	位＋官职名称$_1$＋官职名称$_2$……
参	19	参＋官职名称	×	参……事
作	13	作＋官职名称	作＋地名	×
兼	581	兼＋官职名称	×	×
领	540	领＋官职名称	×	领＋……事
行	137	行＋官职名称	行＋地名	行＋……事
录	109	录＋官职名称	×	录＋……事
带	76	带＋官职名称	带＋地名	×
摄	28	摄＋官职名称	摄＋地名	①摄＋……事；②摄＋官署机构名称
典	15	典＋官职名称	×	典＋官署机构名称(＋事)
署$_2$	1	×	×	署＋……事

说明：×表示该成员没有此种组合方式。

比较《魏书》和《宋书》的授官任职语义场，我们可以得出如下结论：

就不涉及官职变动的授官子语义场而言，“拜、授、赐、辟、征、召、赠、封、举、假、引、板”是《魏书》和《宋书》共有的成员。其中“拜”“授”“封”“赐”“赠”从使用频率上来看是南北朝时期南北双方朝廷常用的授官用语。并且语义场成员的组合方式也大致相同，主要是“V＋官职名称”和“V＋人名＋为＋官职名称”。但同时我们也注意到“署”在《魏书》中分布于不涉及官职变动的授官子语义场和任职子语义场，而在《宋书》中只属于任职子语义场。这固然与“署”本身的多义性有关，同时也反映出《魏书》以北方为正统的倾向。[①] 另外，“征”的授予官职义，在《宋书》中组合方式较《魏书》更为灵活，除了二书共同的“征（＋为）＋官职名称”“征＋人名＋为＋官职名称”外，还有“官职名称＋征”这样的形式，这在《魏书》中是见不到的。这也表现出南北朝时期北方地区使用语言更注重规范性的倾向。

就任职子语义场而言，《宋书》与《魏书》表现出较大的差异，除了共同的成员“为”“历”“作”“参”“解褐”“兼”“领”“行”“录”“摄”“带”“假”之外，《魏书》还包括“典”“位”，组合方式分别是“典＋官职名称”“典＋……事”和“位＋官职名称 1＋官职名称 2＋……”[②]。而《宋书》中的“典”“位”没有担任官职的用法[③]，“典”只有 4 例“典……事”。《宋书·百官志下》：“中书令，一人。中书监，一人。中书侍郎，四人。中书通事舍人，四人。汉武帝游宴后廷，始使宦者典尚书事，谓之中书谒者，置令、仆射。元帝时，令弘恭，仆射石显，秉势用事，权倾内外。成帝改中书谒者令曰中谒者令，罢仆射。汉东京省中谒者令，而有中官

---

① 参见《〈魏书〉词汇研究》第三章第二节“《魏书》的单音词”之“署”条。

② 参见《〈魏书〉词汇研究》第三章第二节“《魏书》的单音词”之“典”条和“位”条。

③ “位”在《宋书》中出现了 823 例，但从严格意义上讲，用于担任官职意义的有 1 例：《宋书·张邵传附子敷传》：“敷弟柬，袭父封，位通直郎。柬有勇力，手格猛兽，元凶以为辅国将军。”（卷 46，页 1396）但卷 46 为后人根据《南史》补入，因此此例只能作为旁证。

谒者令，非其职也。魏武帝为王，置秘书令，典尚书奏事，又其任也……秘书监，一人。秘书丞，一人。秘书郎，四人……魏武帝为魏王，置秘书令、秘书丞。秘书典尚书奏事。文帝黄初初，置中书令，典尚书奏事，而秘书改令为监。”（卷 40，页 1245～1246）另外，《宋书》任职子语义场还包括“临”，尽管使用频率不是很高，也只有“临＋地名”这一种组合方式，但在《魏书》中不见，表现出浓郁的南方地域特征。

即便是《宋书》和《魏书》任职子语义场内部相同的成员，也表现出细微的差别。这些差别有的是史书编辑者个人风格的体现，如《魏书》中“解褐”表示担任官职，其后可以加多个官职名称，见《魏书·司马叔璠传附子灵寿传》：“祖珍弟宗庞，世宗时，父惠安以久病启以爵转授。解褐安定王府骑兵参军、洛州龙骧府司马。”（卷 37，页 861）又《张烈传》：“质，博学多才艺。解褐奉朝请，员外郎、龙骧将军、谏议大夫。”（卷 76，页 1686）而《宋书》中“解褐”仅有 2 例。但我们在《南齐书》找到 35 例“解褐”，如《南齐书·王奂传》：“解褐著作佐郎，太子舍人，安陆王冠军主簿，太子洗马，本州岛别驾，中书郎，桂阳王司空咨议，黄门郎。”（卷 49，页 847）组合方式和《魏书》不分伯仲。因此我们认为《宋书》中使用“解褐”频率很低是《宋书》编纂者个人风格的体现，不能体现南北双方语词使用上的差异。但是另外一些差别则体现了南北朝时期南北双方在用语上的差异，如《魏书》中“位”表示“担任官职”，用法和“历”相似[①]，而《宋书》中“位”担任官职义仅 1 例，考察《南齐书》也只有 1 例[②]。我们推测“位”的“担任（官职）”义在南北朝时期的南方已不再使用，而在北方还在通行。再如“行”，《宋书》中有“……行事”为代理官职名称，《魏书》中几乎不用，仅有的几例也多是叙述南朝史实，

① 参见《〈魏书〉词汇研究》第三章第二节“《魏书》的单音词”之“位”条和“历”条。
② 《南齐书·孔稚珪传》：“祖道隆，位侍中。”

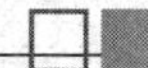

在有关北朝的史书中以“……行事”为代理官职的也比较少见，我们调查了《北齐书》《周书》《隋书》，仅在《北齐书》中检得3例[①]，可以看出以“……行事”为代理官职主要通行于南朝。

二、假设连词语义场比较[②]

我们选取的假设连词不包括表示假设让步关系的连词，只是指表示推测假设关系的连词。

《宋书》中的假设连词有“若”“若使”“若乃”“若夫”“若其”“若令”“若复”“若必”“若脱”“若一”“如”“如其”“如使”“如或”“如复”“如当”“如为”“脱”“脱复”“脱使”“脱误”“脱一”“脱其”“苟”“苟或”“苟其”“假”“假令”“假使”“假其”“设”“设令”“设使”“设若”“设复”“向令”“向使”“傥”“傥或”“必”“必使”“必乃”“或”“或自”“时”“使”“使一”“令”“借令”“忽”“诚”“一旦”“万一”及“自”的否定形式“自非”，此外还有多个假设连词并用的情况，如“若忽使”“若一旦”“设一旦”“若万一”等。详见表5.5和表5.6。

① 《北齐书·高市贵传》：“高祖沙苑失利，晋州行事封祖业弃城而还，州民柴览聚众作逆。”《北齐书·封隆之传》：“高祖后至冀州境，次于交津，追忆隆之，顾谓冀州行事司马子如曰……”《北齐书·文苑传·颜之推》：“忾敷求之不器，乃画地而取名，仗御武于文吏，委军政于儒生。”自注：“以鲍泉为郢州行事，总摄州府也。”

② 主要参考李丽《〈魏书〉词汇研究》，人民日报出版社，2006年。

表 5.5 《宋书》假设连词一览表

假设连词形式	频率(例)			新/旧(形式)	备注
	合计	成员	单现		
若系列	716	若	645	旧	
		若使	21	旧	
		若乃	14	旧	
		若夫	11	旧	
		若其	10	旧	
		若令	4	旧	
		若复	6	新	
		若必	2	新	
		若脱	1	新	
		若一	1	新	
		若忽使	1	新	假设连词并用
如系列	52	如	24	旧	
		如其	18	旧	
		如使	2	旧	
		如或	5	新	
		如复	1	新	
		如当	1	新	
		如为	1	新	
脱系列	14	脱	9	新	
		脱复	1	新	
		脱使	1	新	
		脱误	1	新	

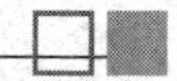

续表 5.5

假设连词形式	频率(例)			新/旧(形式)	备注
	合计	成员	单现		
脱系列	14	脱一	1	新	
		脱其	1	新	
苟系列	41	苟	36	旧	
		苟或	1	旧	
		苟其	4	新	
假系列	6	假	1	旧	
		假令	3	新	
		假使	1	新	
		假其	1	新	
设系列	22	设	6	旧	
		设令	6	新	
		设使	8	新	
		设若	1	新	
		设复	1	新	
向系列	2	向令	1	旧	
		向使	1	旧	
傥系列	10	傥	9	旧	
		傥或	1	新	
必系列	19	必	16	新	
		必使	2	新	
		必乃	1	新	

续表 5.5

假设连词形式	频率(例)			新/旧(形式)	备注
	合计	成员	单现		
或系列	13	或	12	旧	
		或自	1	新	
令系列	2	令	1	旧	
		借令	1	旧	
使系列	6	使	5	旧	
		使一	1	新	
时系列	3	时	3	旧	
诚系列	5	诚	5	旧	
忽系列	1	忽	1	新	
自系列	40	自非	40	新	假设连词结构
一旦系列	30	一旦	24	旧	
		若一旦	5	新	假设连词并用
		设一旦	1	新	
万一系列	3	万一	2	新	
		若万一	1	新	假设连词并用

在我们所调查的 18 个系列假设连词中,《宋书》包括 58 个成员,其中单音节假设连词 14 个,双音节假设连词 40 个,多个假设连词同义并用形式 4 个。尽管单音节假设连词在种类上仅占《宋书》假设连词总数的 24%,但在使用频率却突破了总数的 77%。双音节假设连词虽然在种类上占了总数的 70%,但在使用频率上只有 21%。这 58

个成员中，有23个是继承上古时期的假设连词，百分比为39.7%；35个为中古时期新兴假设连词形式，百分比为60.3%。虽然新形式在数量上超过了旧词，但在使用频率上却大大落后于旧词：旧词的使用频率高达86.8%，而新形式的使用百分比仅13.2%。

在《宋书》整个假设连词体系中，"若"的使用频率独占鳌头，共645例，占《宋书》整个假设连词体系65.5%。由"若"作为语素构成的复音节假设连词形式也最为多样，有"若使""若乃""若夫""若其""若令""若复""若必""若脱""若一""设若""若忽使""若一旦""若万一"13个，占《宋书》复音节假设连词形式总数的29.5%，其中新兴形式有6个，占《宋书》新兴假设连词形式的17%。

在《宋书》单音节假设连词中，新兴假设连词"脱"表现得并不十分突出，在使用频率上不仅和"若"不能相提并论，也不如"苟""如""或"；而新兴的"必"反而相对突出一些。但是由"脱"构成的复音节形式相对要多于"苟""如""或""必"等，有"若脱""脱复""脱使""脱误""脱一""脱其"6个，而由"苟""如""或""必"构成的复音节形式均为5个。

《宋书》的复音节假设连词形式总体上来讲出现频率都不是很高，使用频率超过10例的仅有"自非""一旦""若使""如其""若乃""若夫""若其"7个。其他频率从9例到1例不等，且绝大多数为新兴形式，参见表5.6。

表5.6　《宋书》复音节假设连词形式表(单位：例)

假设连词	自非	一旦	若使	如其	若乃	若夫	若其	设使	设令	若复	如或
频率	40	24	21	18	14	11	10	8	6	6	65
新旧	新	旧	旧	旧	旧	旧	旧	旧	旧	新	新

续表 5.6

假设连词	若一旦	苟其	若令	假令	如使	必使	万一	若必	脱复	脱使	脱误
频率	5	4	4	3	2	2	2	2	1	1	1
新旧	新	新	旧	新	旧	新	新	新	新	新	新
假设连词	脱一	脱其	苟或	设若	设复	向令	向使	傥或	假使	假其	必乃
频率	1	1	1	1	1	1	1	1	1	1	1
新旧	新	新	旧	新	新	旧	旧	新	新	新	新
假设连词	或自	借令	使一	如复	如当	如为	若脱	若一	若忽使	若万一	设一旦
频率	1	1	1	1	1	1	1	1	1	1	1
新旧	新	旧	新	新	新	新	新	新	新	新	新

《魏书》中的假设连词有“若”“若或”“若苟”“若其”“若使”“若乃”“若复”“若必”“如”“如其”“如或”“如使”“如脱”“如当”“脱”“脱或”“脱若”“脱复”“脱其”“苟”“苟或”“苟使”“苟必”“苟其”“假”“假令”“假使”“设”“设令”“设使”“向”“向使”“傥”“傥或”“必”“必若”“必使”“或”“使”“令”“诚”“一旦”“万一”及“自”的否定形式“自非”①，此外还有假设连词的并用形式“若万一”“脱万一”“脱若万一”等。它们一般用于复句中的前一分句，表示假设，后一分句则表示结果或推论。

① “自”很少单独用作假设连词，多与否定副词“非”连用。前修时彦亦已指出这一点，如洪成玉《古汉语复音虚词与固定结构》、柳士镇《魏晋南北朝历史语法》等。

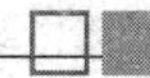

表 5.7　《魏书》假设连词一览表

假设连词	频率(例)			新/旧（形式）	备注
	合计	成员	单现		
若系列	673	若	639	旧	
		若或	6	旧	
		若苟	3	旧	
		若其	9	旧	
		若使	6	旧	
		若乃	2	旧	
		若复	2	新	
		若必	6	新	
如系列	78	如	50	旧	
		如其	19	旧	
		如使	2	旧	
		如或	4	新	
		如脱	2	新	
		如当	1	新	
脱系列	73	脱	66	新	
		脱或	2	新	
		脱若	2	新	
		脱复	2	新	
		脱其	1	新	
苟系列	61	苟	55	旧	
		苟或	1	旧	
		苟使	2	新	

续表 5.7

假设连词	频率(例)			新/旧	备注
	合计	成员	单现	(形式)	
苟系列	61	苟必	1	新	
		苟其	2	新	
假系列	27	假	11	旧	
		假令	14	新	
		假使	2	新	
设系列	8	设	4	旧	
		设令	3	新	
		设使	1	新	
向系列	3	向	1	旧	
		向使	2	旧	
傥系列	6	傥	4	旧	
		傥或	2	新	
必系列	20	必	18	新	
		必若	1	新	
		必使	1	新	
或系列	37	或	37	旧	
使系列	4	使	4	旧	
令系列	2	令	2	旧	
诚系列	3	诚	3	旧	
一旦系列	15	一旦	15	旧	
自系列	31	自非	31	新	假设连词结构

续表 5.7

假设连词	频率(例)			新/旧(形式)	备注
	合计	成员	单现		
万一系列	8	万一	3	新	
		若万一	3	新	假设连词并用
		脱万一	1	新	
		脱若万一	1	新	

在我们所统计的 18 个假设连词系列中,《魏书》中的假设连词共有 47 个成员,其中单音节假设连词 13 个,双音词假设连词 31 个[①],多个假设连词并用的形式有 3 个。单音节假设连词在种类上占《魏书》假设连词总数的 28%,但在使用频率占了总数的 85%。双音节假设假连词虽然在种类上占了总数的 66%,但在使用频率上只有 14.3%。这 48 个成员中,有 21 个是继承上古时期的假设连词,占《魏书》假设连词总数的 44.7%。26 个为中古时期新兴的假设连词形式,百分比为 55.3%。虽然新兴形式在种类上超过了旧有假设连词,但在使用频率上却远远落后于旧有假设连词:新兴假设连词形式的使用频率仅为 16.6%,而旧有假设连词的使用频率高达 83.4%。

在《魏书》整个假设连词体系中,"若"的使用频率处于绝对优势地位,高达 639 例,占《魏书》整个假设连词体系 61%。由"若"作为语素构成的复音节假设连词形式也最为多样,有"若或""若苟""若其""若使""若乃""若复""若必""必若""脱若""若万一"11 个,占《魏书》复音节假设连词形式总数的 32.4%,其中新兴形式有 6 个,占《魏书》新兴假设连词形式的 23%。

---

① 为统计方便暂时将"自非"归入到双音节假设连词。

在《魏书》单音节假设连词中,新兴形式"脱"表现出较强的生命力。虽然在使用频率上远不及"若"(仅66例),但与《魏书》其他单音节假设连词相比仍独树一帜。并且由其构成的复音节假设连词形式也呈现多样化,有"脱或""如脱""脱若""脱复""脱其""脱万一""脱若万一"7个。

在《魏书》的复音节假设连词形式中,"自非""如其""一旦""假令"相对于其他复音节形式出现频率要高一些,超过了10例。"自非"为假设连词"自"与否定副词"非"的联合形式,所在分句表示否定性假设。其他形式出现频率从9例到1例不等,参见表5.8。

表5.8 《魏书》复音节假设连词形式表(单位:例)

假设连词	自非	如其	一旦	假令	若其	若使	若必	若或
频率	31	19	15	14	9	6	6	6
新旧	新	旧	旧	新	旧	旧	新	旧
假设连词	如或	万一	若万一	设令	若苟	如使	如脱	脱或
频率	4	3	3	3	3	2	2	2
新旧	新	新	旧	新	旧	旧	新	新
假设连词	脱若	脱复	苟使	苟其	若复	假使	向使	傥或
频率	2	2	2	2	2	2	2	2
新旧	新	新	新	旧	新	新	旧	新

续表 5.8

假设连词	若乃	如当	脱其	苟或	苟必	必若	必使	设使	脱万一	脱若万一
频率	2	1	1	1	1	1	1	1	1	1
新旧	旧	新	新	旧	新	新	新	新	新	新

《宋书》《魏书》假设连词体系的相同点表现如下：

首先，无论是《魏书》还是《宋书》，虽然单音节假设连词在数量上落后于复音节形式，但在使用频率上都远远超过了复音节形式。《魏书》单音节假设连词数量上占总数的 28%，使用频率占总数的 85%。《宋书》单音节假设连词占总数的 24%，使用频率突破了总数的 77%。

其次，两书的新兴假设连词形式在数量上超过了沿用上古的假设连词，《魏书》新兴假设连词形式的百分比为 55.3%，《宋书》则达到了 60.3%，但是在使用频率上却远远落后于旧形式，两书新兴假设连词形式的使用频率都远远低于 20%。

另外，不论是在《魏书》还是在《宋书》的假设连词体系中，"若"的使用频率都占有绝对的主导地位，并且使用频率也惊人的相近："若"在《魏书》中出现了 639 例，占整个《魏书》假设连词体系使用频率的 61%；在《宋书》中出现了 645 例，占整个《宋书》假设连词体系使用频率的 65%。"若"系假设连词形式也相应地在两书的假设连词体系中占据了主导地位，并且在使用频率上也较为接近，《魏书》673 例，占整个假设连词体系使用频率的 64%；《宋书》716 例，占总体的 72.7%。仅就单音节假设连词而言，"若"的使用频率在《魏书》单音节假设连词中占到 72%，在《宋书》单音节假设连词中占到 83.4%。这和其他中古文献所反映出来的情况是相一致的，如《世说新语》中单音节假设连词有"若""使""傥""如""苟"5 个，共 56 例，"若"的出现频率是 47 例，占单音词假设连词频率总数的84%。[①]《搜神记》的假设连词“若”有91例，占单音节假设连词频率总数的88%。[②] 据何锋兵《中古汉语假设复句及假设连词专题研究》的统计，“若”在《三国志》及裴注和《世说新语》《高僧传》《法显传》《中本起经》《过去现在因果经》《百喻经》中作为假设连词共957例，占“沿用上古的单音词假设连词”的84.77%。[③]

表5.9 《魏书》《宋书》假设连词形式比较表

<table>
<tr><th rowspan="3">假设连词形式</th><th colspan="5">频率(例)</th><th rowspan="3">新/旧(形式)</th><th rowspan="3">备注</th></tr>
<tr><th colspan="2">合计</th><th rowspan="2">成员</th><th colspan="2">单计</th></tr>
<tr><th>魏书</th><th>宋书</th><th>魏书</th><th>宋书</th></tr>
<tr><td rowspan="7">若系</td><td rowspan="7">673</td><td rowspan="7">716</td><td>若</td><td>639</td><td>645</td><td>旧</td><td rowspan="7"></td></tr>
<tr><td>若使</td><td>6</td><td>21</td><td>旧</td></tr>
<tr><td>若乃</td><td>2</td><td>14</td><td>旧</td></tr>
<tr><td>若夫</td><td>0</td><td>11</td><td>旧</td></tr>
<tr><td>若或</td><td>6</td><td>0</td><td>旧</td></tr>
<tr><td>若苟</td><td>3</td><td>0</td><td>旧</td></tr>
<tr><td>若其</td><td>9</td><td>10</td><td>旧</td></tr>
</table>

① 数据来源于孙锡信《〈世说新语〉虚词综述》，《汉语历史语法丛稿》，汉语大词典出版社，1997年。原载《王力先生纪念文集》，商务印书馆，1990年。孙先生的文章中统计“条件连词”(即假设连词)“若”47例，“使”5例，“倘”1例，“如”1例，“苟”2例。

② 数据来源于温振兴《〈搜神记〉连词研究》，山西大学硕士学位论文，2003年。“若”91例，“当”4例，“苟”3例，“即”1例，“使”2例，“如”2例。

③ 何锋兵《中古汉语假设复句及假设连词专题研究》，南京师范大学硕士学位论文，2005年，第14页。

续表 5.9

假设连词形式	频率(例)					新/旧(形式)	备注
	合计		成员	单计			
	魏书	宋书		魏书	宋书		
若系	673	716	若令	0	4	旧	
			若复	2	6	新	
			若必	6	2	新	
			若脱	0	1	新	
			若一	0	1	新	
			若忽使	0	1	新	假设连词并用
如系	78	52	如	50	24	旧	
			如其	19	18	旧	
			如使	2	2	旧	
			如或	4	5	新	
			如复	0	1	新	
			如脱	2	2	新	
			如当	1	1	新	
			如为	0	1	新	
脱系	73	14	脱	66	9	新	
			脱复	2	1	新	
			脱或	2	0	新	
			脱若	2	0	新	
			脱使	0	1	新	
			脱误	0	1	新	
			脱一	0	1	新	
			脱其	1	1	新	

续表 5.9

<table>
<tr><td rowspan="3">假设连词形式</td><td colspan="5">频率(例)</td><td rowspan="3">新/旧(形式)</td><td rowspan="3">备注</td></tr>
<tr><td colspan="2">合计</td><td rowspan="2">成员</td><td colspan="2">单计</td></tr>
<tr><td>魏书</td><td>宋书</td><td>魏书</td><td>宋书</td></tr>
<tr><td rowspan="5">苟系</td><td rowspan="5">61</td><td rowspan="5">41</td><td>苟</td><td>55</td><td>36</td><td>旧</td><td rowspan="5"></td></tr>
<tr><td>苟或</td><td>1</td><td>1</td><td>旧</td></tr>
<tr><td>苟使</td><td>2</td><td>0</td><td>新</td></tr>
<tr><td>苟必</td><td>1</td><td>0</td><td>新</td></tr>
<tr><td>苟其</td><td>2</td><td>4</td><td>新</td></tr>
<tr><td rowspan="4">假系</td><td rowspan="4">27</td><td rowspan="4">6</td><td>假</td><td>11</td><td>1</td><td>旧</td><td rowspan="18"></td></tr>
<tr><td>假令</td><td>14</td><td>3</td><td>新</td></tr>
<tr><td>假使</td><td>2</td><td>1</td><td>新</td></tr>
<tr><td>假其</td><td>0</td><td>1</td><td>新</td></tr>
<tr><td rowspan="5">设系</td><td rowspan="5">8</td><td rowspan="5">22</td><td>设</td><td>4</td><td>6</td><td>旧</td></tr>
<tr><td>设令</td><td>3</td><td>6</td><td>新</td></tr>
<tr><td>设使</td><td>1</td><td>8</td><td>新</td></tr>
<tr><td>设若</td><td>0</td><td>1</td><td>新</td></tr>
<tr><td>设复</td><td>0</td><td>1</td><td>新</td></tr>
<tr><td rowspan="3">向系</td><td rowspan="3">3</td><td rowspan="3">2</td><td>向</td><td>1</td><td>0</td><td>旧</td></tr>
<tr><td>向令</td><td>0</td><td>1</td><td>旧</td></tr>
<tr><td>向使</td><td>2</td><td>1</td><td>旧</td></tr>
<tr><td rowspan="2">傥系</td><td rowspan="2">6</td><td rowspan="2">10</td><td>傥</td><td>4</td><td>9</td><td>旧</td></tr>
<tr><td>傥或</td><td>2</td><td>1</td><td>新</td></tr>
<tr><td rowspan="3">必系</td><td rowspan="3">20</td><td rowspan="3">19</td><td>必</td><td>18</td><td>16</td><td>新</td></tr>
<tr><td>必若</td><td>1</td><td>0</td><td>新</td></tr>
<tr><td>必使</td><td>1</td><td>2</td><td>新</td></tr>
</table>

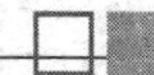

续表 5.9

假设连词形式	频率(例)					新/旧(形式)	备注
	合计		成员	单计			
	魏书	宋书		魏书	宋书		
必系	20	19	必乃	0	1	新	
或系	37	13	或	37	12	旧	
			或自	0	1	新	
令系	2	2	令	2	1	旧	
			借令	0	1	旧	
使系	4	6	使	4	5	旧	
			使一	0	1	新	
时系	0	3	时	0	3	旧	
诚系	3	5	诚	3	5	旧	
忽系	0	1	忽	0	1	新	
自系	31	40	自非	31	40	新	假设连词结构
一旦系	15	30	一旦	15	24	旧	
			若一旦	0	5	新	假设连词并用
			设一旦	0	1	新	
万一系	8	3	万一	3	2	新	
			若万一	3	1	新	
			脱万一	1	0	新	
			脱若万一	1	0	新	假设连词并用
总数	1 049	985					

三、数词语义场比较[①]

《宋书》和《魏书》中的数词包括基数、序数、问数、概数、分数、倍数等类别。

根据茹益益《〈宋书〉称数法研究》,《宋书》中的基数词可分为单纯基数词和合成基数词。单纯基数词包括系数词 9 个(一、二、三、四、五、六、七、八、九)、位数词 6 个(十、百、千、万、亿、兆)、特殊数词 3 个(双、两、再)。合成基数词有系系组合、位位组合、系位组合、与"有"组合等形式。《宋书》中序数的表示有四种:用基数词表示,用序数前缀"第"表示,用天干地支表示,用其他顺序词表示等。《宋书》中的问数只有"几""几许""多少"三种。《宋书》中概数主要有两种表现方式,一为二数连用表概数,如二三、百万等;一为与概数辅助词连用表概数。《宋书》中的概数辅助词包括"余、有余、有奇、垂、几、近、减、以上、以下、左右、数、可、许"等二十多个。《宋书》中的分数除使用专名"强""太半"等,更多使用分母分子式,如十八九、四分之一等八类形式。《宋书》中的倍数主要有两种形式,一种用"倍"字,或单用"倍",或用数词+倍;一种用数词,或单用基数词,或基数词+之,或基数词 1+之+基数词 2+之,或数数相连。

根据潘景的《〈魏书〉数词研究》,《魏书》的单纯基数词包括系数词 9 个(一、二、三、四、五、六、七、八、九)、位数词 6 个(十、百、千、万、亿、兆)、特殊数词 4 个(双、两、再、半)。合成基数词有系系组合、位位组合、系位组合、与"有"组合等形式。《魏书》中序数的表示有四种:用基数词表示,用序数前缀"第"表示,用天干地支表示,用其他顺序词表示

① 主要参考茹益益《〈宋书〉称数法研究》,南京师范大学硕士论文,2008 年。潘景《〈魏书〉数词研究》,南京师范大学硕士论文,2013 年。

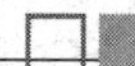

等。《魏书》中的分数除使用专名“半”“太”等，更多使用分母分子式，如十九、五分减二等六类形式。《魏书》中的倍数主要有用“倍”字和用数词表示这两种形式。用“倍”表示，可以单用“倍”，或用“数词＋倍”等形式；用数词表示，或单用基数词，或基数词＋之，或数数相连。《魏书》中的问数有“几”“多少”“几何”三种。《魏书》中的概数词表示法有三种：单用位数词“百、千、万”等表示概数；二数连用表概数；与概数辅助词连用表概数。《魏书》中的概数辅助词包括“余、有余、有奇、数、许、可、所、垂、近、向、将、且、几$_1$、减、以上（已上）、以下（已下）、以外、以内、不满、不过、不踰、不盈、未、多少、几$_2$”等 25 个。

比较《宋书》与《魏书》数词可以得出如下结论：

《宋书》《魏书》的基数使用状况大体相当。“整数＋有＋零数”形式是上古时期基数的常用形式，南北朝时期已呈现淘汰趋势。两书用例占比极低，可以说两书反映了数词的发展趋势。相较而言，《魏书》占比只有 0.1％，低于《宋书》的 0.2％。详见表 5.10：

表 5.10　《宋书》与《魏书》基数使用状况对比（单位：例）①

分类	单纯基数词		合成基数词								总计
			系系组合		位位组合		系位组合		与“有”组合		
《宋书》	7 889	65.9％	8	0.1％	29	0.2％	4 027	33.6％	27	0.2％	11 980
《魏书》	8 719	66.6％	12	0.1％	51	0.4％	4 285	32.8％	16	0.1％	13 083

《宋书》《魏书》主要用基数形式或借用其他的词表示序数，这种方式是承自上古汉语的常见方式。序数新形式“第＋数词＋中心词”在

① 数据来源于潘景《〈魏书〉数词研究》，南京师范大学硕士论文，2013 年。

中古时期已经形成,《宋书》《魏书》都有所体现,虽然占比不是很高,《宋书》为 3.36%,《魏书》为 2.69%。“第+数词+中心词”这种结构,《宋书》主要用来表示排行,而《魏书》中主要用来表示普通序数。“第+数词+量词+中心词”这种用法在《宋书》中仅出现在乐志部分,且限于歌曲;相较而言,《魏书》有“第三重石室”“第二品将军”等形式,且量词范围扩大。《宋书》与《魏书》序数使用状况详见表 5.11:

表 5.11 《宋书》与《魏书》序数使用状况对比(单位:例)①

分类	用基数词表示		用序数前缀“第”表示		用天干地支表示		用其他顺序词表示		总计
《宋书》	8 028	60.9%	443	3.36%	3 140	23.8%	1 566	11.9%	13 177
《魏书》	6 857	52.9%	348	2.69%	4 176	32.2%	1 578	12.2%	12 959

就分数表达而言,B 式(分母+之+分子)、C 式(分母+分+分子)、H 式(分母+分)等为上古汉语常用形式,《魏书》不见使用,《宋书》也几乎可以忽略不计,这反映出分数表示法的历史发展趋势。A 式(“分母+分子”及其变式)和 F 式(分母+分+之+分子)在《宋书》《魏书》中占绝对优势,《宋书》占比 75%,《魏书》占比 62%。尤其 F 式是现代汉语中最常见的分数表示法。D 式(分母+分+插入成分+分子),《魏书》占比 20.8%,仅次于 A 和 F 式,但《宋书》占比只有 4%。详见表 5.12:

① 数据来源于潘景《〈魏书〉数词研究》,南京师范大学硕士论文,2013 年。

表 5.12　《宋书》与《魏书》分数使用状况对比(单位:例)[①]

分类	A	B	C	D	E	F	G	H	I	总计
《宋书》	34	1	1	4	4	41	3	4	8	100
	34%	1%	1%	4%	4%	41%	3%	4%	8%	
《魏书》	54	0	0	35	5	51	13	0	10	168
	32%	0	0	21%	3%	30%	8%	0	6%	

说明:其中 A:"分母+分子"及其变式;B:分母+之+分子;C:分母+分+分子;D:分母+分+插入成分+分子;E:分母+分+量(名)+之+分子;F:分母+分+之+分子;G:分母+名词+而+分子;H:分母+分;I:其他形式。

倍数表达方面,《宋书》和《魏书》没有显著差别。总体而言,《魏书》更倾向于用"倍"表示倍数的方式。详见表 5.13:

表 5.13　《宋书》与《魏书》倍数使用状况对比(单位:例)[②]

<table>
<tr><th rowspan="2">分类</th><th colspan="2">用"倍"表示</th><th colspan="4">用基数词表示</th><th rowspan="2">总计</th></tr>
<tr><th>单用倍</th><th>数词+倍</th><th>单用基数词</th><th>数词+之</th><th>基数词$_1$+而+基数词$_2$+之</th><th>基数词相连</th></tr>
<tr><td rowspan="2">《宋书》</td><td>27</td><td>18</td><td>13</td><td>6</td><td>2</td><td>3</td><td rowspan="2">69</td></tr>
<tr><td colspan="2">45(65.2%)</td><td colspan="4">24(34.8%)</td></tr>
<tr><td rowspan="2">《魏书》</td><td>27</td><td>21</td><td>4</td><td>5</td><td>0</td><td>10</td><td rowspan="2">67</td></tr>
<tr><td colspan="2">48(71.6%)</td><td colspan="4">19(28.4%)</td></tr>
</table>

① 数据来源于潘景《〈魏书〉数词研究》,南京师范大学硕士论文,2013 年。

② 数据来源于潘景《〈魏书〉数词研究》,南京师范大学硕士论文,2013 年。

结　语

我们从南北双方特有语词、同义异词、常用词在南北地区的发展差异等角度对《宋书》和《魏书》词汇进行了初步的比较，挖掘出南北朝时期南方地区的特有语词，如“透”“换”“厨”“差”“流查”“幔屋”等；北方地区的特有语词，如“别”“博”“草”“蛆”“凫鸭”“白鹭”等；同义异词如表达“剩余”概念，北方文献用“剩”“余”，南方文献用“余”；表达“全部”概念，北方文献用“都”“全”，南方文献还使用“差”等；南北双方选用不同的常用词，如复数表达，南方文献多采用新形式“等”，北方文献多采用旧形式“曹”；表示“猪”，北方文献多用“猪”，南朝文献多用“豕”；南北双方在相关语词聚合当中也表现出地域差异。

由于词的使用地域很难论定[1]，加之笔者学养不深，用力不够，某些结论还存在可以修正之处。

通过这项工作的展开，我们认识到要对词的使用地域进行论定，需要深厚的汉语史修养，同时还需要尽可能大范围的文献调查。比如对并列连词“与”和“及”的考察，有些学者以《世说新语》和《齐民要术》为调查对象，得出这样的结论：南北朝时期，南北双方在“及”和“与”的使用上差别明显，南方多用“与”，北方多用“及”[2]。但我们通过调查其他文献，发现这个结论可以部分修正。从表 6.1 可以看出，南北双方在“及”和“与”的使用上并没有明显差异，总体上说都倾向于“及”。相较而言，南方文献使用“与”略高于北方文献。

① 汪维辉《六世纪汉语词汇的南北差异》，《中国语文》，2007 年第 2 期。

② 赵川兵《近代汉语“和类词”的演变及共时分布》，《汉语史研究集刊》（第九辑），2006 年。

表 6.1　"与""及"在南北朝文献中的使用(单位:例)

北朝文献	与	及	南朝文献	与	及
魏书	133	502	宋书	76	269
北朝文	91	252	南朝文	264	315
水经注	18	105	世说新语	15	17
洛阳伽蓝记	3	19	高僧传	6	176
齐民要术	8[①]	113	周氏冥通记	3	31
贤愚经(13 卷)	6	187	菩萨善戒经(9 卷)	4	156
杂宝藏经(10 卷)	9	66	百喻经(4 卷)	2	24
金色王经(1 卷)	1	7	阿育王经(10 卷)	7	97
合计	269	1251	合计	377	1085
百分比(%)	17.7	82.3	百分比(%)	25.8	74.2

① 我们对《齐民要术》和《世说新语》的"与""及"统计数据也和该学者不同。

参考文献

[汉]班固:《汉书》(全十二册),中华书局,1962年。

鲍金华:《"盲"和"瞎"的历时替换》,《语文学刊》,2008年第5期。

蔡镜浩:《魏晋南北朝词语例释》,江苏古籍出版社,1990年。

陈宝勤:《东汉佛经和〈世说新语〉中"都"的用法》,《语言研究论丛》第七辑,天津人民出版社,1997年。

陈桥驿:《水经注校证》,中华书局,2013年。

[晋]陈寿著,[刘宋]裴松之注:《三国志》(全五册),中华书局,1959年。

陈文和主编:《嘉定钱大昕全集》,江苏古籍出版社,1997年。

陈秀兰:《基于梵汉对勘的魏晋南北朝佛经词汇语法研究》,复旦大学出版社,2018年。

陈秀兰:《魏晋南北朝文与汉文佛典语言比较研究》,中华书局,2008年。

陈寅恪:《金明馆丛稿二编》,三联书店,2001年。

陈寅恪:《隋唐制度渊源略论稿》,三联书店,2001年。

陈寅恪:《魏晋南北朝讲演录》,万绳楠整理,黄山书社,1987年。

陈垣:《中国佛教史籍概论》,中华书局,1962年。

程湘清:《魏晋南北朝汉语研究》,山东教育出版社,1992年。

《大正新修大藏经》,新文丰出版公司,1983年。

丁福林:《宋书校议》,上海古籍出版社,2002年。

董达武:《周秦两汉魏晋南北朝方言共同语初探》,天津古籍出版社,1992年。

董志翘:《〈观世音应验记三种〉译注》,江苏古籍出版社,2002 年。

董志翘:《"脚"有"足"义始于何时?》,《中国语文》,1985 年第 5 期。

董志翘:《〈入唐求法巡礼行记〉词汇研究》,中国社会科学出版社,2000 年。

董志翘:《训诂类稿》,四川大学出版社,1999 年。

董志翘:《中古近代汉语探微》,中华书局,2007 年。

董志翘:《中古文献语言论集》,巴蜀书社,2000 年。

董志翘、蔡镜浩:《中古虚词语法例释》,吉林教育出版社,1994 年。

段观宋:《魏晋南北朝史书语词考释》,《湘潭大学学报》,1989 年第 1 期。

段业辉:《中古汉语助动词研究》,南京师范大学出版社,2002 年。

二十五史刊行委员会:《二十五史补编》(全六册),中华书局,1955 年。

范祥雍:《洛阳伽蓝记校注》,上海古籍出版社,1978 年。

[刘宋]范晔著,[唐]李贤等注:《后汉书》(全十二册),中华书局,1965 年。

方一新:《东汉六朝佛经词语札记》,《语言研究》,2000 年第 2 期。

方一新:《东汉魏晋南北朝史书词语笺释》,黄山书社,1997 年。

方一新:《东汉魏晋南北朝史书语词札记》,见《古典文献与文化论丛》,中华书局,1997 年。

方一新:《东汉语料和词汇史研究刍议》,《中国语文》,1996 年第 2 期。

方一新:《关于中古汉语词汇研究的几个问题》,《首届汉语言学国际研讨会论文集》,中国社会科学出版社,1999 年。

方一新:《汉魏六朝俗语词杂释》,《中国语文》,1992 年第 1 期。

方一新:《六朝史书词语札记》,《广播电视大学学报》,1998 年第

2 期。

方一新:《六朝语词考释漫记》,《古汉语研究》,2002 年第 1 期。

方一新:《说“盲人骑瞎马”的“瞎”》,《文史知识》,1991 年第 12 期。

方一新:《谈六朝史书与词汇研究》,见《庆祝中国社会科学院语言研究所建所 45 周年学术论文集》,商务印书馆,1997 年。

方一新:《魏晋南北朝小说语词校释札记》,《杭州师范学院学报》,2000 年第 1 期。

方一新:《中古汉语词义求证法论略》,《浙江大学学报》(人文社会科学版),2002 年第 5 期。

方一新:《中古近代汉语词汇学》,商务印书馆,2010 年。

方一新、王云路编著:《中古汉语读本》(修订本),上海教育出版社,2006 年。

[唐]房玄龄等:《晋书》(全十册),中华书局,1974 年。

冯春田:《〈文心雕龙〉语词通释》,明天出版社,1990 年。

[晋]干宝著,汪绍楹校注:《搜神记》,中华书局,1979 年。

高敏:《论北魏的社会性质》,《中国经济史研究》,1989 年第 4 期。

高明:《中古史书词汇论稿》,天津古籍出版社,2008 年。

葛佳才:《东汉副词系统研究》,岳麓书社,2005 年。

郭在贻:《郭在贻文集》(全四册),中华书局,2002 年。

韩陈其:《汉语词汇论稿》,江苏古籍出版社,2002 年。

何亚南:《〈三国志〉和裴注句法专题研究》,南京师范大学出版社,2004 年。

何亚南:《中古汉语词汇考释三则》,《中国语文》,2001 年 3 期。

何亚南:《中古汉语词汇通释两则》,《中国语文》,1997 年 6 期。

洪成玉:《古汉语复音虚词和固定结构》,浙江人民出版社,1983 年。

［宋］洪迈：《容斋随笔》，上海古籍出版社，1996 年。

呼叙利：《“肉薄”补释》，《古汉语研究》，2010 年 1 期。

胡敕瑞：《〈论衡〉与东汉佛典词语比较研究》，巴蜀书社，2002 年。

胡明扬主编：《词类问题考察》，北京语言学院出版社，1996 年。

化振红：《〈洛阳伽蓝记〉词汇研究》，中国文史出版社，2002 年。

［清］黄承吉：《字诂义府合按》，中华书局，1984 年。

黄金贵：《古代文化词义集类辨考》，上海教育出版社，1995 年。

黄金贵：《古代文化词语考论》，浙江大学出版社，2001 年。

黄金贵：《释“眇”“盲”“瞎”》，《文史知识》，1992 年第 7 期。

黄灵庚：《六朝隋唐史书俗语词札记》，《文史》，2000 年第 1 辑。

［清］黄汝成：《日知录集释》，上海古籍出版社，1985 年。

黄征：《汉语俗语词研究的几个理论问题》，《杭州大学学报》，1992 年第 2 期。

黄征：《俗语词研究与历代词汇研究的关系》，《语文建设通讯》，1994 年第 9 期。

黄征：《魏晋南北朝俗语词辑释》，《杭州大学学报》，1994 年第 3 期。

黄征：《魏晋南北朝俗语词考释》，《杭州大学学报》，1990 年第 3 期。

黄征：《〈魏书〉俗语词辑释》，《语文研究》，2003 年第 2 期。

黄征、张涌泉：《敦煌变文校注》，中华书局，1997 年。

［梁］慧皎：《高僧传》，汤用彤校注，中华书局，1992 年。

吉常宏：《中国人的名字别号》，商务印书馆，1997 年。

吉常宏、吉发涵：《古人名字解诂》，语文出版社，2003 年。

江蓝生：《魏晋南北朝小说词语汇释》，语文出版社，1988 年。

蒋礼鸿：《敦煌变文字义通释》（增补定本），上海古籍出版社，1997

年新 3 版。

蒋礼鸿:《敦煌文献语言词典》,杭州大学出版社,1994 年。

蒋礼鸿:《义府续貂》,中华书局,1981 年。

蒋绍愚:《古汉语词汇纲要》,北京大学出版社,1989 年。又商务印书馆,2005 年。

蒋绍愚:《汉语词汇语法史论文集》,商务印书馆,2001 年。

蒋绍愚:《汉语史研究的回顾和前瞻》,《语言教学与研究》,1989 年第 2 期。

蒋绍愚:《唐诗语言研究》,中州古籍出版社,1990 年。

靳生禾、谢鸿喜:《北魏〈皇帝南巡之颂〉碑考察清理报告》,《文物季刊》,1995 年第 3 期。

阚绪良:《齐民要术三则札记》,《中国农史》,2003 年第 4 期。

[唐]李百药:《北齐书》(全二册),中华书局,1972 年。

李吉和 :《先秦至隋唐时期西北少数民族迁徙研究》,民族出版社,2003 年。

李丽:《从〈阿 Q 正传〉的“困觉”说开去——试析汉语史上的“困觉”》,《语文知识》,2015 年第 11 期。

李丽:《从〈魏书〉〈宋书〉授官语义场的比较看南北朝时期汉语的南北差异》,《燕山大学学报》(哲学社会科学版),2007 年第 2 期。

李丽:《从〈魏书〉单音词看汉语词汇在中古时期的发展变化》,《语文知识》,2007 年第 2 期。

李丽:《试论〈魏书〉谣谚时语在汉语词汇史中的研究价值》,《语文知识》,2009 年第 4 期。

李丽:《试论〈魏书〉在中古汉语词汇史上的研究价值》,《燕山大学学报》(哲学社会科学版),2015 年第 4 期。

李丽:《说说“强项”》,《语言科学》,2006 年第 3 期。

李丽:《〈宋书〉〈魏书〉常用词使用的南北地域差异》,《中文研究集刊》,2018 年第 1 期。

李丽:《〈魏书〉〈北史〉相同史实部分用语比较研究》,《古汉语研究》,2008 年第 3 期。

李丽:《〈魏书〉词汇研究》,人民日报出版社,2006 年。

李丽:《〈魏书〉单音多义词的词汇价值》,《燕山大学学报》(哲学社会科学版),2010 年第 1 期。

李丽:《〈魏书〉人名的词汇透视》,《汉语史研究集刊》(9),巴蜀书社,2006 年 12 月。

李丽:《"熊抱"和"蝶吻"》,《语文建设》,2008 年第 1 期。

李荣:《现代汉语方言大词典》(全六册),江苏教育出版社,2004 年。

李书吉:《北朝礼志法系研究》,人民出版社,2002 年。

李维琦:《佛经词语汇释》,湖南师范大学出版社,2004 年。

[唐]李延寿:《北史》(全十册),中华书局,1974 年。

[唐]李延寿:《南史》(全六册),中华书局,1975 年。

梁晓虹:《佛教词语的构造与汉语词汇的发展》,北京语言学院出版社,1994 年。

[唐]令狐德棻:《周书》(全三册)中华书局,1971 年。

刘百顺:《汉魏晋南北朝史书词语考释》,《汉语史学报》第二辑,浙江大学汉语史研究中心编,上海教育出版社,2002 年。

刘百顺:《汉魏六朝史书词语考释》,《西北大学学报》(哲学社会科学版),2002 年第 3 期。

刘百顺:《魏晋南北朝史书词语札记》,陕西师范大学出版社,1993 年。

刘传鸿:《前缀"祇"考辨》,《语言研究》,2016 年第 1 期。

刘传鸿:《“切”非后缀考辨》,《古汉语研究》,2014 年第 4 期。

刘传鸿:《“试”非词缀辨》,《通化师范学院学报》,2018 年第 5 期。

刘传鸿:《“(太)+形容词+生”组合中“生”的性质及来源》,《中国语文》,2014 年第 4 期。

刘传鸿:《“糖蟹”考》,《湛江师范学院学报》,2014 年第 5 期。

刘洁:《〈齐民要术〉词汇研究》,北京大学博士学位论文,2004 年。

刘世儒:《魏晋南北朝量词研究》,中华书局,1965 年。

刘叔新:《汉语描写词汇学》(重排本),商务印书馆,2005 年。

[后晋]刘昫等:《旧唐书》(全十六册),中华书局,1975 年。

柳士镇:《魏晋南北朝历史语法》,南京大学出版社,1992 年。

柳士镇:《语文丛稿》,南京大学出版社,1998 年。

鲁国尧:《鲁国尧语言学论文集》,江苏教育出版社,2003 年。

吕澂:《新编汉文大藏经目录》,齐鲁书社,1980 年。

吕澂:《中国佛学源流略讲》,中华书局,1979 年。

吕叔湘:《吕叔湘文集》(全五卷),商务印书馆,1993 年。

吕思勉:《两晋南北朝史》,上海古籍出版社,1983 年。

吕思勉:《中国民族史》,中国大百科出版社,1987 年。

罗常培:《语言与文化》,语文出版社,1989 年。

罗维明:《中古墓志词语研究》,暨南大学出版社,2003 年。

罗新、叶炜:《新出魏晋南北朝墓志疏证》,中华书局,2005 年。

骆晓平:《史书词语札记》,《古汉语研究》,1989 年第 1 期。

缪启愉:《齐民要术校释》(第二版),中国农业出版社,1998 年。

缪钺:《读史存稿》,三联书店,1963 年。

聂鸿音:《鲜卑语言解读述论》,《民族研究》,2001 年第 1 期。

[宋]欧阳修、宋祁:《新唐书》(全二十册),中华书局,1975 年。

潘景:《〈魏书〉数词研究》,南京师范大学硕士论文,2013 年。

[清]浦起龙:《史通通释》(上、下册),上海古籍出版社,1978 年。

卿希泰:《中国道教》,东方出版中心,1994 年。

曲守约:《中古辞语考释》,台湾商务印书馆,1963 年。

曲守约:《中古辞语考释续编》,台湾艺文印书馆,1972 年。

任继愈:《中国佛教史》(第 3 卷),中国社会科学出版社,1988 年。

日本《魏书》研究会编:《魏书语汇索引》,日本东京汲古书院,1999 年。

茹益益:《〈宋书〉称数法研究》,南京师范大学硕士论文,2008 年。

[日]入矢义高:《中国口语史的构想》,《汉语史学报》第四辑,浙江大学汉语史研究中心编,上海教育出版社,2004 年。

山西省大同市博物馆、山西省文物工作委员会:《山西大同石家寨北魏司马金龙墓》,《文物》,1972 年第 3 期。

山西省考古研究所、灵丘县文物局:《山西灵丘北魏文成帝〈南巡碑〉》,《文物》,1997 年第 12 期。

[梁]沈约:《宋书》(点校本二十四史修订本全八册),中华书局,2018 年。

[梁]沈约:《宋书》(全八册),中华书局,1974 年。

史有为:《汉语外来词》,商务印书馆,2000 年。

[宋]司马光:《资治通鉴》(全二十册),中华书局,1956 年。

[汉]司马迁:《史记》(点校本二十四史修订本全十册),中华书局,2014 年。

[汉]司马迁:《史记》(全十册),中华书局,1982 年。

四川大学汉语史研究所、四川大学中国俗文化研究所:《汉语史研究集刊》(第十一辑),巴蜀书社,2008 年。

四川大学汉语史研究所、四川大学中国俗文化研究所:《汉语史研究集刊》(第十二辑),巴蜀书社,2009 年。

宋闻兵:《〈宋书〉语词研究》,中华书局,2009 年。

孙锡信:《汉语历史语法丛稿》,汉语大词典出版社,1997 年。

[瑞士]索绪尔著,高名凯译,岑麒祥、叶蜚声校注:《普通语言学教程》,商务印书馆,1980 年。

[日]太田辰夫著,江蓝生、白维国译:《汉语史通考》,重庆出版社,1991 年。

谭代龙:《义净译经身体运动概念场词汇系统及其演变研究》,语文出版社,2008 年。

汤用彤:《汉魏两晋南北朝佛教史》,北京大学出版社,1997 年。

唐长孺:《魏晋南北朝史论丛》,三联书店,1955 年。

唐长孺:《魏晋南北朝史论丛续编》,三联书店,1959 年。

唐长孺:《魏晋南北朝史论拾遗》,中华书局,1983 年。

唐钰明:《汉魏六朝被动式略论》,《中国语文》,1987 年第 3 期。

万久富:《〈宋书〉复音词研究》,凤凰出版社,2006 年。

汪维辉:《东汉—隋常用词演变研究》,南京大学出版社,2000 年。

汪维辉:《汉魏六朝词语杂释》,《语言研究》,1990 年第 2 期。

汪维辉:《汉语词汇史新探》,上海人民出版社,2007 年。

汪维辉:《汉语核心词的历史与现状研究》,商务印书馆,2018 年。

汪维辉:《论词的时代性和地域性》,《语言研究》,2006 年第 2 期。

汪维辉:《〈齐民要术〉词汇语法研究》,上海教育出版社,2007 年。

汪维辉:《说“困(睏)”》,《古汉语研究》,2017 年第 2 期。

汪维辉:《“作(为)某地”式试解》,《古汉语研究》,1989 年第 4 期。

王东:《从语言角度浅论南北朝民歌的差异》,《语文知识》,2013 年第 4 期。

王东:《郦道元〈水经注〉中汉语语音现象再探讨》,《河南工业大学学报》(社会科学版),2016 年第 1 期。

王东:《〈齐民要术〉"遒爽"词义考辨》,《江海学刊》,2018年第4期。

王东:《〈水经注〉词汇研究》,四川大学博士学位论文,2003年。

王东:《唐代李善〈文选〉注引〈水经注〉考》,《郑州大学学报》,2015年第6期。

王凤阳:《古辞辨》,吉林文史出版社,1993年。

王力:《汉语史稿》,中华书局,1980年。

王利器:《颜氏家训集解》(增补本),中华书局,1993年。

[清]王鸣盛:《十七史商榷》(上、下册),中国书店,1987年。

王启涛:《〈魏书〉词语小札》,《汉语史研究集刊》第三辑,巴蜀书社,2000年。

王启涛:《中古及近代法制文书词汇研究》,巴蜀书社,2003年。

[宋]王钦若等:《册府元龟》(全十二册),中华书局,1960年。

王泉根:《中国人名文化》,团结出版社,2000年。

王树民:《廿二史札记校证》(上、下册),中华书局,1984年。

王小莘:《〈高僧传〉语汇研究》,《语言学论丛》第22辑,1999年。

王小莘:《〈颜氏家训〉实词及其时代特色的研究》,《中国语言学报》第七期,1995年。

王小莘:《〈颜氏家训〉中反映魏晋南北朝时代色彩的新词》,《语文研究》,1998年第2期。

王英志主编:《袁枚全集》(五),江苏古籍出版社,1993年。

王锳:《诗词曲语辞例释》(第二次增订本),中华书局,2005年。

王锳:《诗词曲语辞例释》(增补本),中华书局,1986年。

王锳:《唐宋笔记语辞汇释》(修订本),中华书局,2001年。

王云路:《词汇训诂论稿》,北京语言文化大学出版社,2002年。

王云路:《汉魏六朝词语札记》,《古汉语研究》,1992年第1期。

王云路:《汉魏六朝诗歌语言论稿》,陕西人民教育出版社,1997年。

王云路:《六朝诗歌语词研究》,黑龙江教育出版社,1999年。

王云路:《中古汉语词汇史》,商务印书馆,2010年。

王云路:《中古诗歌语言研究》,世界图书出版公司,2014年。

王云路、方一新:《中古汉语词语例释》,吉林教育出版社,1992年。

王云路、方一新编:《中古汉语研究》,商务印书馆,2000年。

王云路、王诚:《汉语核心词义研究》,北京大学出版社,2014年。

王仲荦:《魏晋南北朝史》(全二册),上海人民出版社,1979年。

[北齐]魏收:《魏书》(点校本二十四史修订本全八册),中华书局,2017年。

[北齐]魏收:《魏书》(全八册),中华书局,1974年。

[唐]魏征、令狐德棻:《隋书》(点校本二十四史修订本全六册),中华书局,2019年。

[唐]魏征、令狐德棻:《隋书》(全六册),中华书局,1973年。

吴国忠:《〈史记〉虚词同义连用初探》,《中国语文》,1987年第3期。

吴金华:《"脚"有"足"义始于汉末》,《中国语文》,1986年第4期。

吴金华:《三国志校诂》,江苏古籍出版社,1990年。

吴金华:《世说新语考释》,安徽教育出版社,1994年。

[日]香阪顺一:《白话语汇研究》,江蓝生、白维国译,中华书局,1997年。

向熹:《简明汉语史》,高等教育出版社,1993年。

[梁]萧子显:《南齐书》(点校本二十四史修订本全三册),中华书局,2017年。

[梁]萧子显:《南齐书》(全三册),中华书局,1972年。

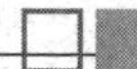

徐复:《后读书杂志》,上海古籍出版社,1996 年。

徐复:《徐复语言文字学论稿》,江苏教育出版社,1995 年。

徐时仪:《古白话词汇研究论稿》,上海教育出版社,2000 年。

徐时仪、梁晓虹、陈五云:《佛经音义中有关织物的词语——佛经音义外来词研究之一》,《汉语史学报》第二辑,浙江大学汉语史研究中心编,上海教育出版社,2002 年。

徐蜀编:《魏晋南北朝正史订补文献汇编》,北京图书馆出版社,2004 年。

徐震堮:《世说新语校笺》,中华书局,1984 年。

许宝华、[日]宫田一郎:《汉语方言大词典》(全五卷),中华书局,1999 年。

许威汉:《二十世纪的汉语词汇学》,书海出版社,2000 年。

[清]严可均:《全上古三代秦汉三国六朝文》,中华书局,1958 年。

颜洽茂:《佛教语言阐释——中古佛经词汇研究》,杭州大学出版社,1997 年。

[唐]姚思廉:《陈书》(全二册),中华书局,1972 年。

[唐]姚思廉:《梁书》(全三册),中华书局,1973 年。

姚薇元:《北朝胡姓考》,中华书局,1962 年。

姚振武:《关于中古汉语的"自"和"复"》,《中国语文》,1993 年第 2 期。

叶纪勇、董西国:《〈高僧传〉词语札记》,《台州师专学报》1999 年第 4 期。

余嘉锡:《世说新语笺疏》(修订本),上海古籍出版社,1993 年。

余让尧:《〈宋书〉词语札记》,《江西大学学报》,1993 年第 1 期。

余太山:《两汉魏晋南北朝正史西域传研究》,中华书局,2003 年。

俞理明:《〈太平经〉正读》,巴蜀书社,2001 年。

俞理明:《佛经文献语言》,巴蜀书社,1993 年。

张金龙:《魏晋南北朝禁卫武官制度研究》,中华书局,2004 年。

张联荣:《古汉语词义论》,北京大学出版社,2000 年。

张联荣:《六朝词语札记》,《语言学论丛》第十八辑,商务印书馆,1993 年。

张联荣:《魏晋六朝诗词语释义》,《古汉语研究》,1990 年第 1 期。

张庆捷、郭春梅:《北魏文成帝〈南巡碑〉所见拓跋职官初探》,《中国史研究》,1992 年第 2 期。

张舜徽主编:《二十五史三编》(全九册),岳麓书社,1994 年。

张万起:《世说新语词典》,商务印书馆,1993 年。

张相:《诗词曲语辞汇释》,中华书局,1955 年。

张诒三:《〈魏书〉词语选释》,《古汉语研究》,2001 年第 4 期。

张永言:《词汇学简论》,华中工学院出版社,1982 年。

张永言:《语文学论集》(增补本),语文出版社,1999 年。

张永言等:《世说新语辞典》,四川人民出版社,1992 年。

张涌泉:《汉语俗字研究》(增订本),商务印书馆,2010 年。

张志毅、张庆云:《词汇语义学》,商务印书馆,2001 年。

赵超:《汉魏南北朝墓志汇编》,天津古籍出版社,1992 年。

赵宁乐、方向东编:《朴学之光——语言文字学家徐复》,南京大学出版社,2000 年。

赵万里:《汉魏南北朝墓志集释》,科学出版社,1956 年。

中国社会科学院语言研究所《历史语言学研究》编辑部:《历史语言学研究》(第二辑),商务印书馆,2009 年。

中国社会科学院语言研究所古代汉语研究室:《古代汉语虚词词典》,商务印书馆,1999 年。

周刚:《连词与相关问题》,安徽教育出版社,2002 年。

周俊勋:《魏晋南北朝志怪小说词汇研究》,巴蜀书社,2006 年。

周日健、王小莘:《〈颜氏家训〉词汇语法研究》,广东人民出版社,1998 年。

周一良:《周一良集》(全五卷),辽宁教育出版社,1998 年。

周一良、赵和平:《唐五代书仪研究》,中国社会科学出版社,1995 年。

周祖谟:《洛阳伽蓝记校释》,上海书店出版社,2000 年。

朱城:《魏晋南北朝词语杂释》,《古籍整理研究学刊》,1994 年第 4 期。

朱庆之:《佛典与中古汉语词汇研究》,台湾文津出版社,1992 年。

朱庆之:《佛经翻译与中古汉语词汇二题》,《中国语文》,1990 年 2 期。

朱庆之:《试论佛典翻译对中古汉语词汇发展的若干影响》,《中国语文》,1992 年 4 期。

朱庆之编:《佛教汉语研究》,商务印书馆,2009 年。

朱庆之编:《中古汉语研究》(二),商务印书馆,2005 年。

后　记

本书为作者承担的河北省社会科学基金项目(HB13YY001)的结项成果之一。本研究亦与本人承担的国家社科基金项目(19BYY159)相关。由于本人资质驽钝,加上用功不勤,课题研究的深度与力度都有待加强,希望能够在将来的研究中弥补不足。

感谢各位师友一路的帮助与关怀。感谢燕山大学出版社提供出版机会。感谢燕山大学出版社陈玉社长,感谢燕山大学出版社编辑柯亚莉老师。

李　丽

2019 年冬

图书在版编目（CIP）数据

《宋书》《魏书》语词南北差异比较研究 / 李丽著. — 秦皇岛 : 燕山大学出版社，2020.1（2026.1重印）
ISBN 978-7-81142-888-9

Ⅰ. ①宋… Ⅱ. ①李… Ⅲ. ①《宋书》－古汉语－词汇－研究②《魏书》－古汉语－词汇－研究 Ⅳ. ①H131

中国版本图书馆 CIP 数据核字(2019)第 293178 号

《宋书》《魏书》语词南北差异比较研究

李丽　著

出 版 人：陈　玉

责任编辑：柯亚莉

封面设计：刘韦希

出版发行：燕山大学出版社

地　　址：河北省秦皇岛市河北大街西段 438 号

邮政编码：066004

电　　话：0335-8387555

印　　刷：廊坊市印艺阁数字科技有限公司

经　　销：全国新华书店

开　　本：889mm×1194mm　1/32　　印　　张：4.75　　字　　数：115 千字

版　　次：2020 年 1 月第 1 版　　印　　次：2026 年 1 月第 2 次印刷

书　　号：ISBN 978-7-81142-888-9

定　　价：38.00 元